MON CARNET DE RÉUSSITE

Français
6e • 5e • 4e • 3e

Fabienne HAUDIQUET
Professeure certifiée
Collège Sainte-Thérèse, Le Mesnil-Saint-Denis (78)

Hatier

Sommaire

© Hatier, Paris, avril 2021 – ISBN : 978-2-401-07708-9

Partie 4 | Savoir écrire

Partie 5 | Apprendre à... apprendre

Compétences

travaillées dans Mon Carnet de Réussite

d'après le BO n° 31 du 30 juillet 2020 hatier-clic.fr/21carf00

Comprendre et s'exprimer à l'oral

	Cycle 3	Cycle 4	Fiches
O1	• écouter pour comprendre un message oral	• comprendre et interpréter des messages oraux complexes	F1, 2 > p. 6, 7
O2	• parler en prenant en compte son auditoire	• s'exprimer de façon maîtrisée	F4, 5, 6 > p. 10 à 14
O3	• participer à des échanges	• participer à des échanges oraux	F7 > p. 15
O4	• adopter une attitude critique par rapport à son propos	• exploiter les ressources de la parole	F3 > p. 8

Lire

	Cycle 3	Cycle 4	Fiches
Li1	• lire avec fluidité	• devenir un lecteur autonome	F3 > p. 8 F8, 20 > p. 16, 30
Li2	• comprendre un texte littéraire et se l'approprier	• lire des textes non littéraires, des images et des documents composites	F9 à 18 > p. 17 à 27
Li3	• comprendre et interpréter des documents	• lire des œuvres littéraires et artistiques	F20 à 27 > p. 30 à 42
Li4	• devenir un lecteur autonome	• élaborer une interprétation de textes	F8, 9, 20 > p. 16, 17, 30

Écrire

	Cycle 3	Cycle 4	Fiches
E1	• écrire à la main	• exploiter les fonctions de l'écrit	F48 à 62 > p. 78 à 104
E2	• maîtriser les bases de l'écriture au clavier	• adopter des stratégies et des procédures d'écriture efficaces	F35 > p. 55 F48 à 57 > p. 78 à 96
E3	• recourir à l'écriture pour apprendre	• exploiter des lectures pour enrichir son écrit	F18, 19 > p. 26, 28 F48 à 57 > p. 78 à 96
E4	• rédiger des écrits variés	• passer à un usage plus maîtrisé de l'argumentation	F50 à 62 > p. 82 à 104
E5	• réécrire ou faire évoluer son texte		F49 > p. 80
E6	• prendre en compte les normes de l'écrit pour transcrire		F49 > p. 80

Comprendre le fonctionnement de la langue

	Cycle 3	Cycle 4	Fiches
La1	• maîtriser les relations entre l'oral et l'écrit	• connaître les différences entre l'oral et l'écrit	F1 > p. 6
La2	• identifier une phrase simple, se repérer dans la phrase complexe	• analyser le fonctionnement de la phrase (simple et complexe)	F32 à 38 > p. 50 à 60
La3	• acquérir l'orthographe grammaticale	• consolider l'orthographe lexicale et grammaticale	F39 à 41 > p. 62 à 64 F48 > p. 78 F43 à 46 > p. 68 à 74
La4	• enrichir le lexique	• enrichir et structurer le lexique	F28 à 31 > p. 44 à 49 F50 à 59 > p. 82 à 99
La5	• acquérir l'orthographe lexicale	• construire les notions permettant l'analyse et l'élaboration des textes	F20 à 27 > p. 30 à 42 F42 > p. 66 F47 > p. 76

Proposition de parcours par niveau de classe

6e

Compétences	Fiches
Oral	F1 ➤ p. 6 • F3 ➤ p. 8 • F4 et 5 ➤ p. 10 et 12 • F7 ➤ p. 15
Lecture	F8 à 10 ➤ p. 16 à 18 • F12 ➤p. 20 • F14 et F15 ➤ p. 22 et 23 F17 à 20 ➤ p. 25 à 30 • F22 et 23 ➤ p. 33 et 34 F25 à 27 ➤ p. 38 à 42
Écriture	F48 ➤ p. 78 • F50 à 53 ➤ p. 82 à 88 • F55 à 59 ➤ p. 92 à 99
Langue	F28 à 37 ➤ p. 44 à 58 • F39 à 46 ➤ p. 62 à 74

5e

Compétences	Fiches
Oral	F1 ➤ p. 6 • F3 ➤ p. 8 • F5 à 7 ➤ p. 12 à 15
Lecture	F8 à 10 ➤ p. 16 à 18 • F14 et 15 ➤ p. 22 et 23 F17 à 27 ➤ p. 25 à 42
Écriture	F48 ➤ p. 78 • F50 à 53 ➤ p. 82 à 88 • F55 à 59 ➤ p. 92 à 99
Langue	F28 à 37 ➤ p. 44 à 58 • F39 à 46 ➤ p. 62 à 74

4e

Compétences	Fiches
Oral	F2 et 3 ➤ p. 7 et 8 • F5 à 7 ➤ p. 12 à 15
Lecture	F8 à 10 ➤ p. 16 à 18 • F14 à 27 ➤ p. 22 à 42
Écriture	F48 ➤ p. 78 • F50 à 59 ➤ p. 82 à 99
Langue	F30 à 47 ➤ p. 48 à 76

3e

Compétences	Fiches
Oral	F2 et 3 ➤ p. 7 et 8 • F5 à 7 ➤ p. 12 à 15
Lecture	F8 à 11 ➤ p. 16 à 19 • F13 à 27 ➤ p. 21 à 42
Écriture	F48 à 62 ➤ p. 78 à 104
Langue	F30 à 47 ➤ p. 48 à 76

1 Comprendre un message oral

L'oral est informatif, communicatif et interactif.

Caractéristiques

- La maîtrise de l'oral est une **compétence scolaire** (participation au cours, exposé, lecture…), mais concerne aussi la **vie quotidienne** (journal télévisé, discours politique, plaidoirie…).
- Un message oral utilise les **ressources de la voix et du corps.**
  L'intonation : inflexion de la voix (montante, descendante), qui donne des indications sur une position, un sentiment ou une réaction personnelle de l'énonciateur.
  Le rythme : rapide ou lent selon les pauses, les reprises (longueur des phrases, ordre des mots).
  La tonalité : ton du discours (comique, dramatique).
- Il faut reconnaître les **indices de l'énonciation.** Qui ? À qui ? Quand ? Où ?

Fonctions

- Dire pour se faire comprendre
- S'exprimer, exprimer des idées
- Convaincre
- Informer, rendre compte
- Affiner et construire sa pensée
- Dialoguer et interagir dans un groupe

Quelques formes d'expression orale

- La lecture à voix haute
- La récitation
- Le jeu d'une scène
- L'entretien
- L'exposé
- Le débat

Vocabulaire

Auditoire : personnes qui écoutent l'orateur
Discours : texte prononcé devant un auditoire
Orateur : personne qui parle devant un auditoire

Je m'entraîne

Écoutez le message oral à l'aide du lien suivant hatier-clic.fr/21carf01 et complétez le tableau ci-dessous.

Critères d'écoute	Indices donnés sur le message
L'intonation	…………………………………………
Le rythme	…………………………………………
La tonalité	…………………………………………
Les indices d'énonciation	…………………………………………
Le thème du message	…………………………………………

2 Interpréter un discours oral

Le discours est un message oral complexe qui nécessite une écoute attentive afin de bien l'interpréter.

4 formes de discours

Narratif ↦ raconter des événements, des actions
Descriptif ↦ présenter une personne, un lieu, un objet
Explicatif ↦ informer, apporter des connaissances, expliquer
Argumentatif ↦ convaincre, persuader

Les procédés rhétoriques

- Injonctions Écoutez bien !
- Hyperboles » p. 35
- Parallélismes
- Changement de rythme
- Métaphores et comparaisons
- Jeux sur la polysémie » p. 46
- Questions oratoires Ah ! Que n'ai je demandé plus tôt ?

Vocabulaire

Rhétorique : ensemble des procédés de l'éloquence, de l'art oratoire
Polysémie : ensemble des différents sens d'un mot
Question oratoire : question qui n'appelle pas une réponse

MÉTHODE

- **Repérer** tous les verbes conjugués d'une phrase.
- **Comprendre** le cadre (qui, à qui, où, quand, pourquoi).
- **Repérer** la forme. « Il y avait un vieux chêne… » = descriptif
- **Dégager** les mots-clés et différencier les arguments et les exemples.
- **Repérer** la fonction, le but. information, souhait, mise en garde…
- **Relever** les procédés de modalisation : doute, subjectivité… sans doute, peut-être, cette immonde bâtisse

Je m'entraîne

Écoutez l'extrait de l'appel du 18 juin prononcé par Charles de Gaulle en 1940 : hatier-clic.fr/21carf02.

a. Quel est le but de ce discours ?

…………………………………………………………………………

b. Quels sont les procédés rhétoriques que vous pouvez relever ?

…………………………………………………………………………

…………………………………………………………………………

3 Lire avec fluidité

Fonctions

Il s'agit d'une activité de communication qui consiste à lire à autrui un texte pour :

- Donner une **information**
- Provoquer une **réaction**
- Améliorer son **vocabulaire** et son **élocution**
- Faire partager une **émotion**

La fluence

Le test de fluence en début de 6e évalue votre capacité à lire à haute voix un texte à la vitesse d'environ 120 mots par minute. Mais bien lire c'est aussi lire avec fluidité.

La ponctuation

- la virgule : pause légère
- le point-virgule : pause moyenne
- le point : pause forte
- les points d'interrogation, d'exclamation, de suspension, les parenthèses, tiret, deux points : ponctuation mélodique avec des intonations différentes

Préparation

La lecture fluide ne s'improvise pas, elle s'apprend. Pour comprendre ce qu'on lit et déclamer un texte, il faut :

- **Observer le texte** avant de le lire (repérage du genre poésie, extrait de roman… p. 26)
- Identifier les **personnages**
- Repérer les signes de **ponctuation**

MÉTHODE

- **S'entraîner** (devant un parent, une amie, un camarade de classe).
- **Parler** d'une voix forte, soigner l'articulation et faire les liaisons.
- **Varier la vitesse** de lecture en fonction de la longueur des phrases et de l'effet souhaité.
- **Respirer** en respectant la ponctuation.
- **Varier l'intensité** de la voix en fonction des émotions et faire entendre les différentes voix dans un dialogue.
- **Anticiper** le changement de ligne, de personnage, de page.

Je m'entraine

1. **Observez bien ce texte puis surlignez les signes de ponctuation et soulignez les changements de personnages.**

Un jour Cosette se regarda par hasard dans son miroir et se dit : Tiens ! Il lui semblait presque qu'elle était jolie. Ceci la jeta dans un trouble singulier. Jusqu'à ce moment elle n'avait point songé à sa figure. Elle se voyait dans son miroir, mais elle ne s'y regardait pas. Et puis, on lui avait souvent dit qu'elle était laide ; Jean Valjean seul disait doucement : Mais non ! mais non ! Quoi qu'il en fût, Cosette s'était toujours crue laide, et avait grandi dans cette idée avec la résignation facile de l'enfance. Voici que tout d'un coup son miroir lui disait comme Jean Valjean : Mais non ! Elle ne dormit pas de la nuit. — Si j'étais jolie ? pensait-elle, comme cela serait drôle que je fusse jolie ! — Et elle se rappelait celles de ses compagnes dont la beauté faisait effet dans le couvent, et elle se disait : Comment ! je serais comme mademoiselle une telle !

Le lendemain elle se regarda, mais non par hasard, et elle douta : — Où avais-je l'esprit ? dit-elle, non, je suis laide.

Victor Hugo, *Les Misérables* (1862), tome IV, livre III, chapitre V

2. **Lisez à voix haute le texte ci-dessus devant un public, et évaluez-vous en cliquant sur ce lien** hatier-clic.fr/21carf03 **et en complétant la grille ci-dessous.**

Critères d'évaluation	😕	😐	😀
Je lis sans suivre avec mon doigt.			
Je lis avec fluidité, sans hésitation.			
Je lis sans oublier de mots ni faire d'erreur.			
Je lis en articulant.			
Je lis avec une voix suffisamment forte.			
Je lis en faisant des pauses et en respectant la ponctuation.			
Je lis en effectuant les liaisons.			
Je lis en regardant le public.			
Je lis en variant les intonations et en changeant les voix des personnages.			

4 Raconter une histoire

Raconter met en jeu l'imagination, des connaissances et des talents d'improvisation. Le conte oral est un art dans bien des pays.

Le récit

- Le choix du **narrateur** est important (*je* ou *il/elle*), ainsi que le niveau de langue.
- Il s'inscrit dans un **cadre spatio-temporel** (lieu et temps). « Jadis, en un pays fort lointain… »
- Les étapes du récit s'enchaînent de façon logique suivant le **schéma narratif** et le **schéma actanciel** du conte p. 18 et 20.
- Le récit est cadré dans un **registre** (comique, tragique, réaliste, fantastique…) p. 28.

La narration

- Il existe différentes **manières de raconter**.
- La narration doit être **rythmée** : ralentie (description) pour tenir en haleine le public ou accélérée (ellipse) pour ouvrir un espace imaginaire que le public va combler.
- Il est important de respecter la **concordance des temps** p. 69.

Les temps du récit

- **Récit au présent** : présent, passé composé, futur
- **Récit au passé** : imparfait, passé simple, plus-que-parfait, conditionnel

Vocabulaire

Analepse : retour sur un événement antérieur au récit en cours
Ellipse : fait de passer sous silence certains événements afin d'accélérer la narration
Péripéties : rebondissement, événement inattendu qui change la situation du héros
Suspense : attente angoissée de la suite du récit

MÉTHODE

- **Faire** des phrases courtes et enchaîner les phrases avec des connecteurs logiques.
  Il faisait nuit. Or, c'était à ce moment-là que sortaient les loups.
- **Alterner** récit et dialogues des personnages en variant le ton (changement de personnage).
- **Enchaîner** les actions (péripéties) et les émotions (en adaptant la voix, l'intonation, le débit, en faisant des pauses).
- **Utiliser** toutes les ressources du corps (voix, regard, gestes) pour captiver l'auditoire.

Je m'entraîne

1. Racontez cette histoire en respectant l'enchaînement logique des étapes du récit, ainsi que les rôles et propos des personnages.

Boule et Bill, Billets de Bill (1987), bande dessinée de Roba

2. Autoévaluation. Écoutez un exemple sur ce lien hatier-clic.fr/21carf04 et complétez la grille ci-dessous.

Critères d'évaluation			
J'ai précisé le cadre spatio-temporel (où et quand).			
J'ai respecté le nombre de personnages et je les ai décrits.			
J'ai changé d'intonation en rapportant les dialogues.			
J'ai utilisé les bons temps verbaux.			
J'ai fait attention à la syntaxe : phrases courtes et bien construites.			
J'ai employé le bon niveau de langue.			
J'ai utilisé des mots de liaison entre les phrases.			
J'ai varié mon intonation : changement de personnage, péripéties, ton humoristique.			
J'ai bien articulé et parlé suffisamment fort.			
J'ai regardé mon auditoire.			

5 Faire un exposé

Un exposé nécessite de prendre la parole pour présenter à un public une réflexion sur un sujet donné.

La préparation de l'exposé

- S'assurer d'avoir compris le sujet, de l'avoir bien délimité, afin d'**éviter le hors-sujet**.
- Effectuer des **recherches**.
  Lieux : médiathèque, CDI, maison
  Outils : dictionnaires, encyclopédies, livres documentaires, Internet
- **Apprendre** ce que l'on va dire pour éviter de lire et pouvoir regarder le public.
- **S'entraîner** pour éviter les tics de langage. Euh…

pix **Traiter des données**

- La recherche documentaire sur Internet est une compétence informatique importante. Vous devez bien lire les documents et **vérifier les sources** car certaines ne sont pas fiables. Les sources sont ensuite réunies dans une bibliographie.

Le plan

- L'introduction sert à **établir le contact** avec l'auditoire et à susciter son intérêt ; à annoncer le sujet et à indiquer le plan.
- Le développement : structuré en **2 ou 3 parties** qui s'enchaînent logiquement.
- La conclusion permet de **résumer** ce qui a été dit, de donner son avis et d'ouvrir le sujet en posant une question (nouveau sujet d'exposé possible).

Le style

- Être **clair et simple**. D'abord…, Ensuite…, Pour finir…
- Faire des **phrases courtes**. Nous allons parler de la pollution.
- Utiliser un **niveau de langue courant** » p. 49. Agissons rapidement pour sauver la planète.

Pensez à noter au tableau le plan et les mots compliqués, avec leur définition !

Je m'entraîne

Complétez le tableau ci-dessous avec les sources que vous utiliseriez pour préparer ce sujet d'exposé : « Molière : sa vie, son œuvre, ses thèmes favoris ».

Informations recherchées	Titre et types de ressources
....	....
....	....
....	....

Les techniques pour parler en public

La voix

- **Parler fort** et articuler.
- **Maîtriser le rythme** de la parole en veillant à ne pas aller trop vite et en faisant des pauses.
- **Varier l'intonation.**

L'attitude

- Avoir un regard assuré et **regarder** son auditoire.
- Être **souriant** (le sourire de l'orateur appelle le sourire de l'auditoire).

La posture

- **Se tenir droit** sans rester figé(e).
- **Ne pas gesticuler.**
- **Utiliser des gestes** pour souligner des points importants (pas de mains dans les poches !).

Zoom Brevet L'épreuve orale est une soutenance de projet en 2 temps : **présentation orale** (5 min) et **entretien** (10 min) avec le jury. Le projet concerne un EPI ou un parcours éducatif (PEAC, Parcours Avenir, Parcours citoyen, Parcours de santé). Le jour J, s'habiller avec soin, mais en étant à l'aise dans ses vêtements.

Je m'entraîne

Zoom Brevet Utilisez cette grille d'autoévaluation pour vous entraîner à l'épreuve orale.

Maîtrise de l'expression orale (50 points)	🙁	😐	😃
Je m'exprime dans une langue correcte (vocabulaire, syntaxe).			
J'exprime un avis personnel (argumenté).			
J'emploie un vocabulaire spécifique et interdisciplinaire.			
Je prends en compte les remarques du jury (autocorrection, reformulation).			
Maîtrise du sujet présenté (50 points)	🙁	😐	😃
Je suis précis(e) dans la mise en œuvre du projet (compétences et connaissances).			
Je suis capable de raisonner et de justifier ma démarche et les choix effectués.			
J'ai un regard critique sur ma production.			
J'utilise un support adapté (outils numériques, portfolio, maquette...).			

6 Donner son avis

Il est très fréquent d'avoir à exprimer ses réactions, son point de vue ou ses impressions.

Donner son avis, c'est prendre position en affirmant son **point de vue** personnel.

Jugement

- **mélioratif** : point de vue positif — amusant, passionnant, envoûtant
- **péjoratif** : point de vue négatif — ennuyeux, difficile, incompréhensible

MÉTHODE

- **Souligner** l'engagement personnel. selon moi, d'après moi
- **Utiliser** des verbes d'opinion. penser, considérer, trouver, croire
- **Nuancer** son jugement. apparemment, peut-être, il semblerait que
- **Renforcer** son jugement. évidemment, certain, il ne fait aucun doute que

Je m'entraîne

1. Remplacez les mots péjoratifs soulignés en mots mélioratifs.

Claudie s'avançait vers la bâtisse lugubre au fond de l'allée sombre. Une aura maléfique semblait se dégager de cet endroit. Les murs étaient envahis de mauvaises herbes : elle se serait crue chez une horrible sorcière.

2. Utilisez quatre mots parmi les mots de vocabulaire suivants pour donner votre avis sur le dernier livre que vous avez lu : amusant, émouvant, cocasse, poétique, violent, effrayant, critique, parodique, étonnant, étrange, humoristique, burlesque, comique, mouvementé, réaliste, triste, pathétique, surprenant.

7 Participer à un débat

Le débat

- C'est une **discussion** entre plusieurs personnes qui exposent **des avis, des idées ou des opinions différentes**, voire contradictoires sur un thème donné.
- L'objectif est de **mettre en lumière les accords et les désaccords sur un sujet** ; le temps du débat ne se conclut en effet pas par une « réponse ».
- Dans ce genre argumentatif, l'important est de **libérer la parole** afin que chacun puisse s'exprimer de façon réfléchie et logique.

Les règles du débat

- **Lever la main** et attendre l'autorisation de parler.
- **Respecter la parole** de chacun en écoutant et en tenant compte de l'avis des autres.
- Utiliser un **langage courant** » p. 49, être courtois et poli.
- Fixer une **durée** pour débattre avant de conclure en résumant les idées échangées.

Vocabulaire

Maître/sse du temps : rappelle le temps restant
Rapporteur/se : rappelle ce qui vient d'être dit et propose un bilan final
Régulateur/se : répartit le temps de parole et relance la discussion
Secrétaire : note les arguments et contre-arguments

MÉTHODE

- **Préparer** le lieu du débat. chaises en rond, en U
- **Annoncer** les règles.
- **Répartir** les rôles. rapporteur ou rapporteuse, secrétaire…
- **Présenter** le sujet et commencer le débat.
- **S'exprimer** sur le sujet en argumentant et en répondant aux arguments des autres.
- **Synthétiser** les idées échangées.

8 Comprendre un texte

Pour bien comprendre un texte, il est nécessaire de l'observer et de le lire au moins deux fois.

TEXTE

1 Observer

- L'**auteur**
- Le **titre**
- La **forme** du texte (paragraphes, strophes)
- Le **paratexte** (introduction, notes, résumé, illustrations, mini biographie)
- La **date** de publication

2 Lire

- **De quoi** parle le texte ?
- Est-ce un récit ? une explication ? une description ?
- **Que** se passe-t-il ?
- **Où** et **quand** se passe l'action ?
- **Qui** sont les personnages ?
- Quel est le **genre** de ce texte ? (récit, poème, scène de théâtre…)

3 Questionner

- Quel est le **but** de ce texte ? Pourquoi a-t-il été écrit ?
- Quel est le **lien** avec la séquence ?
- Peut-on hésiter sur le **sens** du texte ?
- Quelle est la situation d'**énonciation** ? Qui raconte ?

4 Réagir

- Quelles **émotions** ce texte provoque-t-il ? (joie, tristesse, colère, rire…)
- **J'aime.** / Je n'aime pas.
- **J'ai compris.** /Je n'ai pas compris.
- Je suis **d'accord.** / Je ne suis **pas d'accord.**

Ne confondez pas la date de publication (à côté du titre de l'œuvre) et l'époque où se passe l'action.

9 Émettre des hypothèses de lecture

Il s'agit de questionner un texte, pour en construire le sens.

Lecture du texte → 1) Questions d'éclaircissement → 2) Questions d'antériorité → 3) Questions d'anticipation

1) Questions d'éclaircissement
= ce qui se passe pendant
- Qui est tel personnage ?
- Où et quand se déroule cette histoire ?

2) Questions d'antériorité
= ce qui se passe avant
- Pourquoi tel personnage a-t-il fait telle chose ?
- Que voulait-il obtenir ?
- Que s'est-il passé ?

3) Questions d'anticipation
= ce qui se passe après
- Que va faire le personnage ?
- Que va-t-il se passer ?

MÉTHODE

- **Lire** et relire le texte.
- **Repérer** son organisation (nombre de paragraphes, dialogue…) p. 30.
- **Donner** un titre à chaque partie ou paragraphe.
- **Prêter attention** aux indices textuels (champs lexicaux, images, figures de style, modes et temps verbaux…).
- **Imaginer** ce qui va se passer à partir des indices.

Je m'entraîne

Lisez le texte. Quelles hypothèses pouvez-vous formuler ?

Emma Bovary rêve d'une vie plus aventureuse. Un soir, elle est invitée à un bal.

Cependant, un des valseurs […] vint une seconde fois encore inviter Mme Bovary, l'assurant qu'il la guiderait et qu'elle s'en tirerait bien. Ils commencèrent lentement, puis allèrent plus vite […] leurs jambes entraient l'une dans l'autre ; il baissait ses regards vers elle, elle levait les siens vers lui […]. Et puis, tournant toujours, mais plus doucement, il la reconduisit à sa place ; elle se renversa contre la muraille et mit la main devant ses yeux.

Gustave Flaubert, *Madame Bovary* (1856)

……………………………………………………………………………………

……………………………………………………………………………………

10 Lire un récit

Le récit est un texte narratif : il sert à raconter une histoire réelle ou fictive p. 84**.**

Caractéristiques

- **Le narrateur** est désigné par des pronoms personnels : « je » (narrateur intérieur) ; « il/elle » (narrateur extérieur) p. 33.
- **Les repères spatio-temporels** (lieu et temps) situent les faits avec précision.
  Ici, Le Mesnil-Saint-Denis, hier, en janvier 2020
- **Les temps verbaux :** ils suivent la règle de concordance des temps p. 72.
  - récit au présent = présent et passé composé
  - récit au passé = imparfait, passé simple et plus-que-parfait

Quelques formes de récit

- **le roman :** Maupassant, *Bel-Ami*
- **le conte :** Perrault, « Le Petit Poucet »
- **l'autobiographie :** Sarraute, *Enfance*

Fonctions

- **Informer** d'un événement
- **Raconter** des faits réels ou fictifs
- **Distraire**
- **Faire réfléchir**

Vocabulaire

Fiction : ce qui est du domaine de l'imaginaire
Personnage : représentation d'une personne dans une fiction
Schéma narratif : structure d'un récit

Le schéma narratif

La situation initiale = personnages, lieu, époque
↘
L'élément perturbateur = problème qui vient dérégler la situation initiale
↗
Les péripéties = suite d'actions vécues par les personnages
↘
L'élément de résolution = la solution est trouvée
↗
La situation finale = une nouvelle stabilité

Mes exemples

Auteur et titre	Forme	Résumé
....	....	....
....	....	....
....	....	....

11 Lire une autobiographie

Une autobiographie, du grec *auto-* (soi-même), *bio* (vie) et *graphein* (écrire) est le récit qu'une personne fait de sa propre vie.

Caractéristiques

- L'utilisation de la 1re **personne**
- L'auteur est aussi **personnage** et **narrateur**.
- L'emploi des **temps du passé** pour l'évocation des souvenirs (récit rétrospectif) mais aussi du **présent d'actualité** pour les interventions du narrateur » p. 68
- L'emploi du vocabulaire des émotions et des **sentiments** » p. 116

Le pacte autobiographique

L'auteur s'engage à respecter le principe de sincérité, à dire la vérité avec une vision différente.

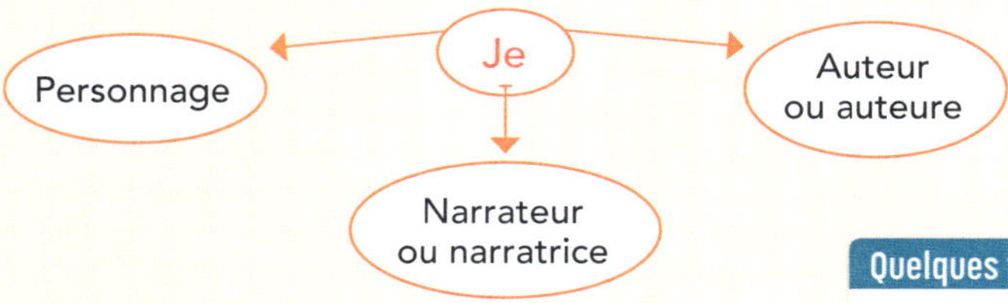

Fonctions

- **Témoigner** d'une vie, d'une époque
- **Mieux se connaître** en se racontant
- **Se justifier**
- **Raconter** un fait historique
- **Mettre à distance** pour éclairer le passé

Quelques formes de l'autobiographie

- le journal intime : Anne Frank, *Journal*
- la lettre privée : Hugo, *Correspondance*
- les mémoires : Chateaubriand, *Mémoires d'outre-tombe*
- le roman autobiographique : Nothomb, *Stupeur et Tremblement*

Mes exemples

Auteur et titre	Forme	Thème ou fonction

12 Lire un conte

Le conte merveilleux est un récit court de faits imaginaires. Des éléments surnaturels sont présentés comme réels.

Caractéristiques

- Un **lieu imprécis** et un **passé lointain** Il était une fois… L'on raconte qu'aux temps anciens…
- Des **personnages** féériques et/ou magiques fée, sorcière, génie
- Des **objets** dotés de pouvoirs irréels tapis volant, miroir magique
- Des **animaux** dotés de facultés humaines chat botté
- Les **temps du passé** : imparfait et passé simple

Le schéma actanciel

Il définit le rôle des personnages du récit.

Destinateur (émetteur / émettrice) → Objet (objectif) → Destinataire (récepteur / réceptrice)

Sujet → Quête → Objet

Adjuvant (personnage qui aide) → Sujet (héros / héroïne) ← Opposant (adversaire)

Fonctions

Le conte merveilleux permet de :

- **Divertir**
- **Donner** une leçon de vie (morale), éduquer
- **Illustrer** les qualités humaines

Mes exemples

Auteur	Titre	Thème ou fonction

13 Lire un extrait de science-fiction

La science-fiction repose sur des progrès scientifiques et techniques obtenus dans un futur plus ou moins lointain, parfois dans un passé fictif.

Caractéristiques

- Un **narrateur omniscient**, témoin de l'événement ou héros du récit p. 33
- Un **cadre spatio-temporel différent** du nôtre qui souligne un décalage avec le réel sur la planète Mars, en 2075
- Les **personnages** peuvent être non humains alien, intelligence artificielle…
- Thèmes liés à la **science** et au **progrès** technologique et/ou à l'**avenir** de la planète

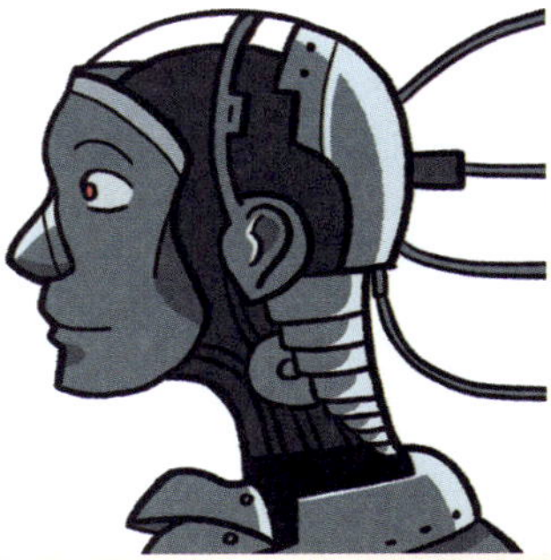

Fonctions

- **Imaginer** le futur
- **Mettre en garde** contre la dépendance aux technologies, le totalitarisme…
- **Critiquer** l'ordre social
- **Faire réfléchir** sur les conséquences de notre mode de vie
- **Se servir du présent** pour interroger le futur

Vocabulaire

Dystopie : monde imaginaire où le bonheur n'existe pas (naissances artificielles, privation de libertés)

Uchronie : réécriture de l'histoire à partir de la modification du passé

Utopie : monde parfait et idéaliste (contraire de la dystopie), qui apparaît irréalisable et illusoire

Mes exemples

Auteur	Titre	Thème
……………………	……………………	……………………
……………………	……………………	……………………
……………………	……………………	……………………

14 Lire une scène de théâtre

Une pièce de théâtre est une succession de dialogues constituée des répliques des différents personnages. Elle est structurée en actes et en scènes.

Caractéristiques

Le langage théâtral » p. 96

- **Les répliques :** paroles prononcées par les personnages
- **Les noms des personnages :** en capitales d'imprimerie, avant chaque réplique
- **Les didascalies :** indications scéniques (gestes, lieu) en italique
- **La double énonciation :** échanges entre les acteurs et entre les acteurs et le public

Les principaux genres théâtraux

- **la comédie :** mise en relief des défauts humains pour faire rire (Molière, *Tartuffe*)
- **la tragédie :** les personnages subissent leur destin et l'issue est fatale (Anouilh, *Antigone*)
- **la tragi-comédie :** les personnages subissent leur destin mais l'issue est heureuse (Corneille, *Le Cid*)

Les étapes de l'intrigue

- **L'exposition :** la situation initiale
- **Le nœud de l'intrigue :** les conflits
- **Les péripéties :** les événements qui font avancer l'intrigue
- **Le dénouement** : la résolution des conflits

La règle des 3 unités

Elle concerne le théâtre classique (XVIIe s.) et comprend la règle de l'**unité de temps** (24 heures), de l'**unité de lieu** (un lieu), et de l'**unité d'action** (une action principale).

Vocabulaire

Aparté : paroles d'un personnage qui ne sont pas censées être entendues par les autres personnages
Monologue : discours qu'un personnage se tient à lui-même
Stichomythies : vif échange à travers de courtes répliques
Tirade : longue réplique

Fonctions

- Émouvoir
- Faire rire
- Divertir
- Critiquer la société

Mes exemples

Auteur et titre	Genre	Thème
....	....	....
....	....	....

15 Lire un poème

Le mot poésie vient du grec *poiêsis* qui signifie « création ».

Caractéristiques

- Un poème peut être écrit en **vers** ou en **prose**.
- Le texte poétique repose sur l'art d'exprimer des **émotions**, des **sentiments** grâce à un travail sur le langage.
- Chaque poème a une **musicalité**, différente grâce au jeu des rimes p. 90 et des sons.
  - **Allitération** : répétition d'un son consonne
  - **Assonance** : répétition d'un son voyelle
- De nombreuses **images** comparaison, métaphore, personnification p. 34
- Le **rythme** du poème contribue à lui donner son sens. Il dépend de :
  - la **longueur** du vers (plus il est court, plus le rythme est rapide, saccadé)
  - les **coupes** du vers (le nombre de césures)
  - la présence de **vers pairs ou impairs**

Quelques formes de textes poétiques

- le sonnet (2 quatrains et 2 tercets) : Baudelaire, « Parfum exotique »
- l'ode : Ronsard, « Ode à Cassandre »
- la fable : La Fontaine, « Le Loup et l'Agneau »
- le calligramme : Apollinaire, *Calligrammes*

Fonctions

- **Exprimer** des sentiments, des émotions
- **Transmettre** un message moral ou politique
- **Célébrer** un exploit ou une personne
- **Instruire**

Vocabulaire

Strophe : groupement de vers
Rime : répétition d'un son à la fin des vers
Vers : ligne dans un poème
Césure : pause après une syllabe accentuée ou un signe de ponctuation

Mes exemples

Auteur et titre	Forme	Thème
....	....	....
....	....	....
....	....	....

16 Lire un texte argumentatif

Une argumentation vise à exposer et à justifier une opinion, un point de vue, de façon à le faire admettre.

Caractéristiques

- Une **prise de position** (pour ou contre une idée) » p. 100
- Des **arguments** et des **exemples**
- Une disposition en **paragraphes** (un argument et un exemple par paragraphe)
- La présence de **liens logiques** (connecteurs logiques, adverbes de liaison…)
- Du **discours rapporté** » p. 76
- Des **figures de style** (métaphore, comparaison, questions oratoires, hyperboles) » p. 34-35
- L'emploi du **présent** » p. 68

Fonctions

- **Convaincre** : c'est amener le lecteur à reconnaître la justesse d'une idée par des preuves irréfutables.
- **Persuader** : c'est s'adresser aux sentiments du lecteur en l'émouvant ou en le séduisant.
- **S'opposer** : c'est rejeter certaines opinions en apportant une contradiction.

Quelques formes de texte argumentatif

- **l'apologue** : La Fontaine, *Fables*, « Le Corbeau et le Renard »
- **l'essai** : Montaigne, *Les Essais*
- **le conte philosophique** : Voltaire, *Candide*
- **les éditoriaux dans la presse** : Zola, « J'accuse »

Vocabulaire

Argumentation : ensemble de procédés pour convaincre (par la raison) ou persuader (par les sentiments)
Thème : sujet de l'argumentation (l'esclavage, la mode, les écrans…)
Thèse : opinion, point de vue de celui qui parle, au sujet du thème
Antithèse : point de vue opposé à la thèse

Mes exemples

Auteur et titre	Forme	Thème - Thèse
....	....	....
....	....	....

17 Lire un texte explicatif

Caractéristiques

- Un **énonciateur** objectif (neutre) qui ne donne pas son opinion
- De nombreux **connecteurs** qui structurent l'explication car, donc, cependant p. 98
- L'utilisation de la **3e personne**, mais aussi parfois de la 2e personne
- L'emploi du **présent de vérité générale**, parfois à l'impératif ou à l'infinitif
- L'abondance d'un **vocabulaire spécifique** : technique ou spécialisé
- La présence de **schémas**, de photos ou d'illustrations avec des légendes

Quelques formes de texte explicatif

- les modes d'emploi (meuble en kit, électroménager)
- les manuels scolaires
- les revues scientifiques, les journaux d'actualité : *Okapi, Historia*
- les recettes de cuisine
- les encyclopédies, les livres documentaires

Vocabulaire

Connecteur : mot-outil qui sert à organiser un texte
Énonciateur : auteur d'une production, qu'elle soit écrite, orale ou graphique
Légende : ensemble de conventions (signes, couleurs, titres) qui permettent la compréhension d'un schéma ou d'une carte

Fonctions

Faire comprendre un fait réel ou une situation à un destinataire

Donner des informations, apporter des connaissances

Expliquer, faire comprendre un processus

Mes exemples

Auteur et titre	Forme	Thème
....	....	....
....	....	....
....	....	....

18 Reconnaître un genre littéraire

Un genre littéraire est une catégorie d'œuvres présentant des critères communs (forme, tonalité, type de contenu).

Les genres narratifs

Le roman

Récit fictif

- **Policier :** Malet, *Brouillard au pont de Tolbiac*
- **Épistolaire :** Montesquieu, *Lettres persanes*
- **De science-fiction :** Orwell, *1984*
- **D'aventure :** Twain, *Les Aventures de Tom Sawyer*

....

....

La fable

Récit court, en prose ou en vers et comportant une morale

La Fontaine, « Les Obsèques de la Lionne »

....

....

La nouvelle

Récit court, peu de personnages et chute brutale

- **Réaliste :** Maupassant, *La Parure*
- **Fantastique :** Gautier, *La Cafetière*

....

L'autobiographie

Récit de sa propre vie : auteur = narrateur = personnage = je

Sarraute, *Enfance*

....

Le conte

Récit de faits imaginaires et de personnages appartenant au merveilleux

Mme Leprince de Beaumont, « La Belle et la Bête »

....

LES GENRES LITTÉRAIRES

La poésie

[L]a poésie lyrique

Expression des sentiments personnels

Labé, « Je vis, je meurs »

....

La poésie surréaliste

Expression du refus de toute contrainte

Apollinaire, *Calligrammes*

....

La poésie engagée

Au service d'une cause sociale ou politique

Delbo, « Vous qui savez »

....

Le théâtre

La comédie

Pièce dans laquelle des personnages vivent des situations comiques

Feydeau, *Tailleur pour dames*

....

La tragédie

Personnages luttant contre des forces qui les dépassent et vivant des moments tragiques qui inspirent la pitié

Cocteau, *La Machine infernale*

....

La tragi-comédie

Pièce dans laquelle des personnages subissent leur destin mais où l'issue est heureuse

Mairet, *La Sylvanire*

....

Mes exemples

Complétez les différents genres littéraires présentés sur la carte mentale avec vos propres exemples de lecture.

19 Identifier un registre littéraire

Le registre littéraire est l'ambiance que veut faire ressentir l'auteur au lecteur à travers le ton du texte et les thèmes abordés.

Registres	Thèmes et intentions
Comique	Faire rire, amuser
Épique	Dimension héroïque, hautes qualités physiques et morales du héros
Fantastique	Phénomènes étranges et inexplicables, faits irrationnels
Ironique	Raillerie, complicité avec le lecteur, dénonciation en laissant comprendre le contraire de ce qui est dit
Lyrique	Sentiments intimes, nature, temps qui passe, amour, mélancolie
Merveilleux	Éléments surnaturels, magie, féérie, objets dotés de pouvoirs irréels
Pathétique	Pitié, compassion, scènes touchantes
Réaliste	Effet de réel : activités quotidiennes, vie simple, abondance de détails réels
Satirique	Rire et moquerie, caricature, mise en évidence des défauts
Tragique	Fatalité, mort seule issue possible, souffrance et déchirement moral, impuissance face à la catastrophe annoncée

Je m'entraîne

Déterminez à quel registre appartient chaque extrait.

a. Rien n'était si beau, si leste, si brillant, si bien ordonné que les deux armées. Les trompettes, les fifres, les hautbois, les tambours, les canons, formaient une harmonie telle qu'il n'y en eut jamais en enfer. Les canons renversèrent d'abord à peu près six mille hommes de chaque côté ; ensuite la mousqueterie ôta du meilleur des mondes environ neuf à dix mille coquins qui en infectaient la surface héroïque.

Voltaire, *Candide* (1759)

....

b. ŒNONE. – Juste ciel ! tout mon sang dans mes veines se glace !
Ô désespoir ! ô crime ! ô déplorable race ! Voyage infortuné !

Jean Racine, *Phèdre* (1677)

....

c. « Ô temps, suspends ton vol ! et vous, heures propices,
Suspendez votre cours !
Laissez-nous savourer les rapides délices
Des plus beaux de nos jours !
Assez de malheureux ici-bas vous implorent [...] »

Alphonse de Lamartine, *Méditations poétiques* (1820)

....

d. Près du lit où gisait la mère de famille,
Deux tout petits enfants, le garçon et la fille,
Dans le même berceau souriaient endormis.
La mère, se sentant mourir, leur avait mis
Sa mante sur les pieds et sur le corps sa robe,
Afin que, dans cette ombre où la mort nous dérobe,
Ils ne sentissent pas la tiédeur qui décroît,
Et pour qu'ils eussent chaud pendant qu'elle aurait froid.

Victor Hugo, *La Légende des siècles* (1859)

....

e. La bataille est merveilleuse, la bataille est une mêlée. Le comte Roland ne craint pas de s'exposer. [...] Il met en pièces le heaume du païen où les escarboucles étincellent, lui coupe en deux la tête et la chevelure.

Anonyme, *Chanson de Roland* (XIe siècle)

....

....

f. Le jardinet, aussi large que la façade est longue, se trouve encaissé par le mur de la rue et par le mur mitoyen de la maison voisine, le long de laquelle pend un manteau de lierre qui la cache entièrement, et attire les yeux des passants [...].

Honoré de Balzac, *Le Père Goriot* (1855)

....

20 Repérer l'organisation d'un texte

Les textes apportent aux lecteurs des informations et de nouveaux savoirs de façon organisée.

La structure et la mise en page du texte

- **La mise en page** : paragraphes, espacements
- **La typographie** : police de caractères, gras, italique
- **Les connecteurs logiques** marquent **la progression de la pensée** » p. 98.
  parce que, car, mais, pourtant, donc…
- **Les connecteurs spatio-temporels** :
  – connecteurs de temps (ou temporels) maintenant, puis, enfin
  – connecteurs de lieu (ou spatiaux) ici, là-bas, à gauche, au fond
- **Les éléments de transition** permettent de passer d'une idée à l'autre.
  ainsi, ceci étant posé…, on peut aussi avancer que…, selon un point de vue différent…

Les paragraphes

- Un texte est organisé en **paragraphes** marqués par des **sauts de ligne** et des **alinéas** (disposition en retrait).
- Ils sont souvent introduits par un **connecteur logique** ou **la ponctuation** (dialogue) » p. 55.

Le plan du texte

- C'est la **représentation schématique** de l'organisation du texte.
- Il montre la **structure** des informations et des éléments de discours.

MÉTHODE

- **Distinguer** les différentes parties du texte et **donner un titre** à chacune d'elles.
- **Repérer** les paragraphes.
- **Entourer** les connecteurs logiques et **encadrer** les connecteurs spatio-temporels.
- **Souligner** les pronoms personnels et les mettre en relation avec les noms qu'ils représentent.
- **Observer** les phrases complexes contenant des propositions subordonnées circonstancielles de cause, conséquence, but, manière… » p. 60

Je m'entraîne

a. Complétez les encadrés à gauche du texte.

b. Indiquez par des flèches trois alinéas.

c. Soulignez un connecteur logique d'opposition.

d. Dégagez la structure du texte (3 parties) et donnez un titre à chaque partie.

....

....

....

.... qui marque l'arrivée ....

.... qui marquent la ....

....

.... qui mettent en valeur ....

Or, un soir, son mari rentra, l'air glorieux, et tenant à la main une large enveloppe.

– Tiens, dit-il, voici quelque chose pour toi.

Elle déchira vivement le papier et en tira une carte imprimée qui portait ces mots :

« Le ministre de l'Instruction publique et Mme Georges Ramponneau prient M. et Mme Loisel de leur faire honneur de venir passer la soirée à l'hôtel du ministère, le lundi 18 janvier. »

Au lieu d'être ravie, comme l'espérait son mari, elle jeta avec dépit l'invitation sur la table, murmurant :

– Que veux-tu que je fasse de cela ?

– Mais, ma chérie, je pensais que tu serais contente. Tu ne sors jamais, et c'est une occasion, cela, une belle ! J'ai eu une peine infinie à l'obtenir. Tout le monde en veut ; c'est très recherché et on n'en donne pas beaucoup aux employés. Tu verras là tout le monde officiel.

Elle le regardait d'un œil irrité, et elle déclara avec impatience :

– Que veux-tu que je me mette sur le dos pour aller là ?

Il n'y avait pas songé ; il balbutia :

– Mais la robe avec laquelle tu vas au théâtre. Elle me semble très bien, à moi…

Il se tut, stupéfait, éperdu, en voyant que sa femme pleurait. Deux grosses larmes descendaient lentement des coins des yeux vers les coins de la bouche […].

Guy de Maupassant, *La Parure* (1884)

21 Comprendre une situation d'énonciation

La situation d'énonciation

- C'est la situation de production d'un **énoncé oral ou écrit**.
- On la définit en précisant **qui parle, à qui, de quoi, où, quand**.

L'énoncé **ancré** dans la situation d'énonciation	L'énoncé **coupé** de la situation d'énonciation
↓	↓
On a besoin de connaître la situation d'énonciation pour comprendre l'énoncé.	On **n'a pas** besoin de connaître la situation d'énonciation pour comprendre l'énoncé.
↓	↓
« Rangez tous vos chambres ! »	Leur mère leur disait de ranger leur chambre.

Les indices pour comprendre une situation d'énonciation

	Énoncé ancré	Énoncé coupé
Pronoms personnels	1re, 2e et 3e personne	3e personne
Temps verbaux	**Présent** (temps de référence) **Passé composé** (antériorité) **Futur** (postériorité)	**Passé simple et imparfait** (référence) **Plus-que-parfait** (antériorité) **Conditionnel** (postériorité)
Indicateurs spatio-temporels	Ici, hier, aujourd'hui, demain	Là, la veille, ce jour-là, le lendemain
Types de texte	Oral, lettres, dialogue	Récit (romans, nouvelles)

Je m'entraîne

Soulignez les indices textuels et précisez si chaque énoncé est ancré ou coupé de la situation d'énonciation.

a. Je vous répète toujours la même chose, les garçons ! ....

b. Ils avaient tous l'air de s'amuser là-bas. ....

c. Des hauteurs d'Istanbul la vue sur l'entrée du Bosphore était splendide.
....

d. Vous prendrez la prochaine rue à gauche. ....

e. Pour arriver à destination, il fallait prendre le rond-point suivant et suivre la direction de Paris. ....

22 Reconnaître le statut et le point de vue du narrateur

Le narrateur (du latin *narrare*, narrer) est celui qui raconte l'histoire.

Les 2 statuts du narrateur

Le narrateur extérieur
- Récit à la **3e personne**
- Ne participe pas à l'histoire

Le narrateur intérieur
- Récit à la **1re personne**
- Est l'un des personnages du récit

Les 3 points de vue du narrateur

Point de vue omniscient : Le narrateur **sait tout,** même les pensées secrètes des personnages. (Focalisation zéro)

Point de vue externe : Le narrateur voit la scène **comme à travers une caméra**.

Point de vue interne : Le narrateur voit la scène par l'**intermédiaire** de l'un des personnages.

Je m'entraîne

Quel est le point de vue narratif adopté dans chacun des extraits suivants ?

a. Si Élisabeth, en recevant cette lettre, ne s'attendit point à y trouver une répétition des offres de la veille, il est à croire qu'elle ne forma nulle conjecture sur son contenu ; mais, quelles que fussent ses pensées à ce sujet, on peut facilement concevoir, et son empressement à la parcourir et les diverses émotions que lui causa cette lecture.

Jane Austen, *Orgueil et préjugés* (1813)

....

b. J'avais dix-sept ans, et j'achevais mes études de philosophie à Amiens, où mes parents, qui sont d'une des meilleures maisons de P., m'avaient envoyé.

Abbé Prévost, *Manon Lescaut* (1731)

....

c. Deux hommes parurent. […] Le plus grand, vêtu de toile, marchait le chapeau en arrière […]. Le plus petit, dont le corps disparaissait dans une redingote marron, baissait la tête.

Gustave Flaubert, *Bouvard et Pécuchet* (1881)

....

23 Interpréter les figures de style

Une figure de style est un procédé d'expression qui donne une tonalité particulière au propos.

Figures par ressemblance (analogie)

Nom de la figure	Définition	Exemple
Comparaison	Un comparé et un comparant rapprochés par un outil grammatical	« la terre est bleue **comme une orange** » (Paul Éluard, *L'Amour, La Poésie* © Éditions Gallimard)
Métaphore	Un comparé et un comparant rapprochés sans outil grammatical	« **Bergère** ô tour Eiffel **le troupeau** des ponts bêle ce matin » (Apollinaire)
Personnification	Comportement humain attribué à un objet, un animal ou un élément naturel	« Vous dont la maison **ne pleure pas** » (René Char, *Feuillets d'Hypnos* © Éditions Gallimard)

Figures par remplacement (substitution)

Nom de la figure	Définition	Exemple
Antiphrase	Expression du contraire de ce que l'on pense (ironie)	« Rien n'était **si beau, si leste, si brillant, si bien ordonné** que les deux armées » (Voltaire)
Métonymie	Remplacement d'un mot par un autre avec qui il a un lien logique	Boire **un verre** Lire **un Balzac**
Périphrase	Remplacement d'un mot par une expression de même sens	« Demain, dès l'aube, **à l'heure où blanchit la campagne** » (Hugo)

Figures par opposition

Nom de la figure	Définition	Exemple
Antithèse	Association de deux termes contraires dans une même phrase	« Je **vis**, je **meurs**, je me **brûle** et me **noie** » (Labé)
Chiasme	Termes syntaxiquement identiques disposés en AB/BA et en opposition de sens	« **Vous êtes** aujourd'hui ce qu'autrefois **je fus** » (Corneille)
Oxymore	Association côte à côte de deux mots de sens opposé	« Cette **obscure clarté** » (Corneille)

Figures par amplification

Nom de la figure	Définition	Exemple
Accumulation	Énumération de termes de même classe grammaticale	« comme tout est **pauvre, mesquin, misérable** » (Maupassant)
Anaphore	Répétition de mêmes mots en début de phrase, vers ou proposition	« **Là, est** le bien [...] **Là, est** l'amour, **là** le plaisir encore. » (Du Bellay)
Gradation	Énumération par ordre croissant ou décroissant	« C'est un **roc**, c'est un **pic**, c'est un **cap** » (Rostand)
Hyperbole	Expression exagérée qui dit plus que le réel	Je **meurs** de soif.

Figures par atténuation

Nom de la figure	Définition	Exemple
Euphémisme	Expression atténuée pour éviter de choquer	Il nous **a quittés**. ➤ Il est mort.
Litote	Pensée très atténuée pour signifier le contraire	« Va, **je ne te hais point** » (Corneille) ➤ Chimène avoue son amour à Rodrigue.

Je m'entraîne

1. Pour chaque phrase, écrivez le nom de la figure de style soulignée en vous aidant de la liste suivante : hyperbole • métonymie • antiphrase • euphémisme • anaphore • comparaison.

a. Il y a mon père, il y a ma mère, il y a mon frère. ....

b. C'est du propre ! Regarde dans quel état tu es ! ....

c. Je vais au petit coin. ....

d. J'ai oublié les courses : je vais me faire tuer ! ....

e. Il est léger comme une plume. ....

f. C'est une décision de l'Élysée. ....

2. Pour chaque phrase, donnez le nom de la figure de style soulignée.

a. Sans raison il est gai, sans raison il s'afflige. (Boileau) ....

b. Un silence assourdissant se fit dans la pièce. ....

c. « Des cadavres dessus et dessous des fantômes ». (Hugo) ....

d. Je parle couramment la langue de Shakespeare. ....

e. Je ne dirai pas non à un petit encas. ....

f. « La puce, un grain de tabac à ressort. » (Renard) ....

24 Comprendre la modalisation

La modalisation introduit de la subjectivité dans ce que l'on dit, en faisant part d'un sentiment de doute, de certitude ou d'un jugement de valeur.

Les procédés de modalisation

- **Adverbes** d'intensité, de jugement, de doute, de certitude
  bien, trop, évidemment
- **Figures de style** : métaphore et comparaison un teint de velours, gai comme un pinson
- **Verbes** de jugement et d'opinion adorer, détester, croire
- **Vocabulaire** péjoratif ou mélioratif Il est **hideux**. / un **adorable** enfant
- **Mode** : le conditionnel (valeur modale) Le bébé **aurait** faim : il pleure.

Discours neutre	Discours modalisé
Cette robe est **rouge**. ▸ énoncé objectif	Cette robe est **horrible**. ▸ énoncé subjectif ; jugement de valeur péjoratif
Les otages **sont** libérés. ▸ certitude	Les otages **seraient** libérés. ▸ incertitude, marquée par l'emploi du conditionnel

L'explicite

C'est un énoncé qui **exprime clairement l'intention du locuteur**. Il ne laisse **aucune part d'interprétation**.
Je veux que tu ailles te laver les mains.

L'implicite

C'est un énoncé qui n'est **pas formulé clairement** par le locuteur. Il laisse une **part d'interprétation**. Raquel a participé à un concours. Elle est revenue avec une coupe.
▸ **La coupe a été gagnée au concours.**

Alicia est **encore** arrivée en retard ce matin.
▸ **Alicia est arrivée plusieurs fois en retard le matin.**

Deux formes d'implicite

- le sous-entendu : *Dis donc, Paul a arrêté de fumer !* (Tu ferais bien d'en faire autant.)
- le présupposé : *Quentin recherche une voiture.* (Quentin n'a pas de voiture.)

L'implicite permet…

- … de **persuader**, manipuler
- … de provoquer une **polémique**
- … d'instaurer une **complicité**, de susciter la curiosité
- … d'**atténuer** des propos

Je m'entraîne

1. Soulignez les procédés de modalisation dans ces phrases.

a. Je suis sûr que tu seras content d'être là.

b. Leur chat aurait disparu mardi. Peut-être a-t-il été recueilli par un voisin ?

c. Je n'ai jamais vu d'homme plus laid que lui : son teint est olivâtre.

2. Pour chaque énoncé, indiquez s'il est explicite ou implicite. S'il est implicite, donnez une interprétation possible.

a. Nolwenn ne peut pas venir parce qu'elle s'est cassé la jambe.

....

b. Les gros chiens ont une espérance de vie inférieure aux petits chiens.

....

c. Thomas est venu en voiture. Il est arrivé plus tôt que prévu.

....

d. À l'automne, les grues partent vers les pays du Sud.

....

e. Les jurés se sont exprimés et l'accusé est retourné dans sa cellule.

....

f. Un projet de loi est discuté à l'Assemblée, les retraités se préparent à sortir dans la rue.

....

g. Maëlla est allée voir ses résultats au concours, mets le champagne au frais ! ....

3. Reliez les énoncés implicites avec le procédé linguistique correspondant p. 34-35**.**

- La ponctuation •
- Les connecteurs logiques •
- La question oratoire •
- L'ironie •
- L'antiphrase •
- L'hyperbole •
- La métaphore •

- • Rien n'est plus indispensable à la pureté de l'air que la pollution.
- • Il est allé chez le médecin : il est hospitalisé.
- • Ce pot de fleur sur la tête lui convenait !
- • Moi ? Quitter mon équipe de foot ?
- • C'est du propre !
- • Je suis mort de fatigue !
- • Le train a du retard, donc ils ne seront pas à l'heure.

25 Établir une relation entre un texte et une image

L'image redondante ou illustrative

raconte la même chose que le texte.

Dessin, photographie, gravure

L'image complémentaire

assure la continuité narrative et prend en charge certains éléments qui n'apparaissent pas dans le texte.

Illustration jeunesse

L'image autonome

raconte une ou plusieurs histoires apparemment indépendantes du texte.

Tableau représentant Persée tuant Méduse + extrait de l'*Odyssée* d'Homère

▶ L'image permet de mettre en valeur la notion de héros mythologique.

L'image divergente

oriente la compréhension du texte, peut transmettre des informations contradictoires.

Affiche de propagande nazie + texte sur les camps de concentration

▶ Les deux documents ne donnent pas les mêmes informations sur les soldats allemands sous le régime nazi.

Zoom Brevet Le texte utilisé pour l'épreuve est obligatoirement **accompagné d'une image.** Il est demandé de faire le lien avec le texte et de dégager les points communs et les différences.

MÉTHODE

- **Observer** le paratexte et la légende de l'image : nature de l'image, titre, auteur, période, contexte.
- **Relever** les éléments présents dans l'image : personnages, lieux, objets.
- **Étudier** la composition de l'image (plans) » p. 40.
- **S'interroger** sur le rapport entre le texte et l'image. Est-ce une représentation fidèle du texte ? Apporte-t-elle un point de vue différent de celui du texte ?

Je m'entraîne

Répondez aux questions à l'aide des deux documents.

Illustration de Gustave Doré pour la *Barbe bleue* (XIXe siècle)

Au bout d'un mois la Barbe bleue dit à sa femme qu'il était obligé de faire un voyage en province, de six semaines au moins, pour une affaire de conséquence [...].
« Voilà, lui dit-il, les clefs des deux grands garde-meubles, voilà celles de la vaisselle d'or et d'argent qui ne sert pas tous les jours, voilà celles de mes coffres-forts où est mon or et mon argent [...], et voilà le passepartout de tous les appartements. Pour cette petite clef-ci, c'est la clef du cabinet au bout de la grande galerie de l'appartement bas : ouvrez tout, allez partout, mais pour ce petit cabinet, je vous défends d'y entrer, et je vous le défends de telle sorte, que s'il vous arrive de l'ouvrir, il n'y a rien que vous ne deviez attendre de ma colère. »

Charles Perrault, *La Barbe bleue* (1697)

a. Quel est le lien entre le texte et l'image ?

....

....

b. Complétez le tableau suivant.

Points communs entre texte et image	Différences entre texte et image
....	....
....	....

c. Quel est le type de cette image ? Justifiez votre réponse.

....

....

....

26 Lire une image fixe

L'image est une représentation visuelle, elle transmet un message qu'il faut apprendre à lire.

Caractéristiques

- **Le sujet / le thème** : portrait, paysage, scène de genre (religieux, historique, mythologique…)
- **La perspective**

Raphaël, *L'École d'Athènes* (1510), fresque, musées du Vatican (Rome)

Lignes de fuite, de force : lignes qui convergent vers un point situé sur la ligne d'horizon et qui donnent une impression d'espace et de profondeur

Ligne d'horizon

- **Les couleurs :** dominantes (les plus représentées), chaudes (rouge, orange, jaune), froides (vert, bleu, violet)
- **La lumière :** l'intensité et le contraste, réaliste ou non
- **Les symboles :** pour caractériser les personnages ou exprimer des idées (objets, attitudes, vêtements)

la rose = la beauté parfaite • le livre = la connaissance • le cercle = l'infini

Quelques formes d'images fixes

- Dessin, peinture
- Fresque
- Enluminure
- Gravure
- Mosaïque
- Affiche

Fonctions

- **Expliquer, informer** photographie, dessin explicatif
- **Décrire** des choses réelles ou imaginaires portrait, nature morte
- **Raconter** une histoire, le déroulement d'un fait, d'une action bande dessinée, mosaïque, fresque
- **Convaincre, séduire, sensibiliser, faire réagir, réfléchir** caricature, affiche publicitaire ou de propagande

Je m'entraine

a. Qui sont les deux personnages du tableau ?

....

b. En quoi votre réponse explique-t-elle le titre de l'œuvre ?

....

....

....

c. Complétez les encadrés ci-dessous en indiquant : 1er plan, 2e plan et arrière-plan.

d. Quelle impression donne la présence du rideau relevé sur la gauche du tableau ?

....

....

....

e. Tracez les lignes de fuite du tableau.

Johannes Vermeer, *L'Atelier du peintre* (vers 1666), huile sur toile (120 × 100 cm), Kunsthistorisches Museum de Vienne

27 Analyser une image mobile

L'image mobile est une image en mouvement.

Le cadre de l'image

- **Le champ** : ce que voit la caméra (personnage de face)
- **Le contre-champ** : la caméra se place à l'opposé (le même personnage est vu de dos) hatier-clic.fr/21carf05
- **Le hors-champ** : ce qui se passe hors du cadre, ce qui est non visible à l'écran

Photogrammes extraits du film *Star Wars*, épisode V, *L'Empire contre-attaque* (1980)

Les mouvements de la caméra

- **Le plan fixe** : aucun mouvement
- **Le panoramique** : la caméra pivote autour de son pied fixe
- **Le travelling** : la caméra se déplace dans l'espace
- **Le zoom** : illusion qu'on se rapproche ou qu'on s'éloigne

L'angle de vue

- **La plongée** : scène filmée d'en haut
- **La contre-plongée** : scène filmée d'en bas
- **L'angle plat** : scène filmée au même niveau que le sujet (le plus courant)

Quelques formes d'images mobiles

- Film
- Court-métrage
- Dessin animé
- Documentaire
- Magazine d'investigation
- Reportage
- Journal télévisé

Les sons

- **Les bruitages** Bruit de porte qui claque
- **Les dialogues**
- **Les voix off**
- **La musique, le leitmotiv** (thème musical qui se répète)

Les différentes échelles de plan

Plan général ou large

Plan moyen ou serré

Plan américain

Plan rapproché

Gros plan

Très gros plan

Je m'entraîne

Analysez cet extrait de film. Il s'agit de la séquence d'ouverture du film *Fenêtre sur cour.* hatier-clic.fr/21carf06

Photogrammes du film *Fenêtre sur cour* d'Alfred Hitchcock (1954)

a. Que pouvez-vous dire de cette image du début du film ? Quel lien faites-vous avec le titre du film ?

....

....

....

....

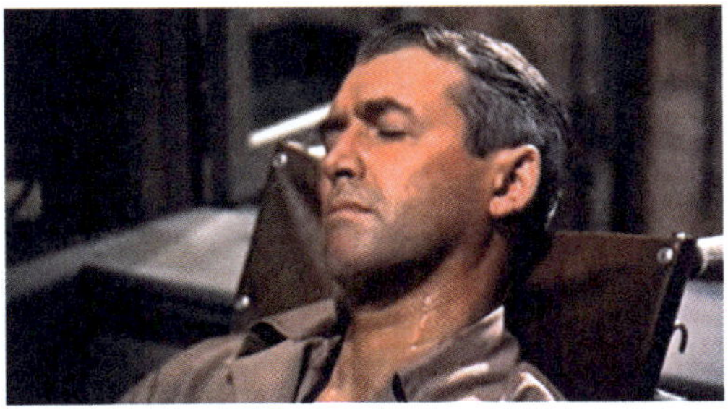

Le personnage principal : L. B. Jefferies

b. Quel plan est utilisé ici ? Que remarquez-vous ?

....

....

c. Quel est le rôle de cette séquence ?

....

....

....

....

....

28 L'origine et la formation des mots

La majorité des mots français viennent des langues anciennes.

L'origine des mots

- Une grande partie des mots français viennent du **latin** car le français est une langue romane (issue du latin).

  Verbe latin *scribere* (écrire) > écrire, écrivain, écriteau, inscrire…

- Beaucoup de mots savants ou scientifiques sont également issus du **grec**.

  Géologie = *géo* (la terre) + *log* (étude, parole)

Les emprunts aux autres langues

- l'italien : balcon, fiasco
- l'espagnol : cédille, guitare
- l'anglais : touriste, week-end
- le gaulois : chêne, balai
- l'hébreu : capharnaüm, tohu-bohu
- les langues slaves : obus, mammouth
- l'arabe : zéro, hasard

La formation des mots

- Les deux procédés les plus employés pour former des mots sont **la dérivation** et **la composition**.
- **La dérivation** consiste à ajouter à un élément de base, le **radical**, un élément qui se place avant, le **préfixe**, ou un élément qui se place après, le **suffixe.**

préfixe ← mal**heur**eux → suffixe

heur → radical

Vocabulaire

Préfixe : change le sens d'un mot (tolérant ≠ **in**tolérant) et précède le radical » p. 122

Suffixe : change la classe grammaticale des mots (tolér**er** = verbe, tolér**able** = adjectif qualificatif) et suit toujours le radical

- **La composition** associe entre eux des mots français, grecs ou latins.

  saupoudrer (sel + poudrer), omnivore, couvre-chef, salle de bain

- **Les familles de mots** réunissent les mots ayant le même radical.

froid (nom commun) → froidement (adverbe)

froid (nom commun) → froide (adjectif qualificatif)

froid (nom commun) → nous refroidissons (forme verbale)

Comprendre l'origine d'un mot peut vous aider à retenir son orthographe : le mot « temps » garde le « s » du latin « *tempus* ».

Je m'entraîne

1. Trouvez des mots de la même famille.

a. Chanter : ....

b. Mou : ....

c. Rang : ....

d. Bord : ....

2. Donnez le contraire des mots suivants en ajoutant le préfixe qui convient.

a. Normal : ....

b. Responsable : ....

c. Limité : ....

d. Proportionné : ....

3. Transformez chaque nom en adjectif, puis en verbe, en ajoutant le suffixe qui convient.

Nom	Adjectif	Verbe
Centre	....	....
Individu	....	....
Séduction	....	....
Désert	....	....

4. Complétez le tableau suivant en décomposant les mots en préfixe, radical et suffixe.

Mot	Préfixe	Radical	Suffixe
Malheureux	mal-	heur	-eux
Transporter	....	....	....
Illégal	....	....	....
Intercalaire	....	....	....
Autoroutier	....	....	....

29 Le sens des mots

La polysémie

- Un mot peut avoir plusieurs sens : on dit qu'il est **polysémique**.
- Le plus souvent, il a un **sens propre** (sens concret) et un ou plusieurs **sens figurés** (sens plus imagés) » p. 48.
- L'ensemble des sens d'un mot s'appelle **le champ sémantique**.

bleu

- = une couleur
  Elle a une veste **bleue**.
- = une ecchymose
  Il s'est fait un sacré **bleu** en tombant !
- = un débutant
  C'est encore un **bleu** dans ce métier.

Dénotation et connotation

- **Le sens général d'un mot** se partage entre dénotation et connotation.

La dénotation
↓
la définition d'un mot, son sens concret
La plante est **verte**. (= couleur)

La connotation
↓
ce qu'un mot symbolise, de façon subjective
Elle est **verte** de peur.
Tous les indicateurs sont au **vert**.

Le champ lexical

- C'est l'ensemble des mots se rapportant à un même thème.
  flammes, cendres, fumée, incendie, pompier… = champ lexical du mot **feu**

Synonymes et antonymes

- **Les synonymes** sont des mots de sens très proches.
  ami, confident, camarade
- **Les antonymes** sont des mots de sens contraires. pauvre / riche

Homonymes et paronymes

- **Les homonymes** sont des mots ayant la même prononciation ou la même orthographe mais un sens différent.

Homonymes

- Homographes = même orthographe
  vers (animaux) / vers (poésie)
- Homophone = même prononciation
  vert (couleur) / verre (contenant)

- **Les paronymes** sont des mots de prononciation très proche mais de sens différents. affectif, effectif

Je m'entraîne

1. Complétez le tableau suivant.

	Synonyme	Antonyme
Grand	....	....
Effrayant	....	....
Crier	....	....
Accueillant	....	....

2. Donnez le champ lexical des mots suivants.

a. Désert : ....

b. Fée : ....

c. Mathématiques : ....

d. Pluie : ....

3. Complétez le tableau suivant.

	Dénotation	Connotation
Vert	Couleur	Nature, écologie, espoir
Mer	....	....
Été	....	....
Agneau	....	....
Cœur	....	....

4. Donnez les différents sens possibles des mots polysémiques suivants.

a. Pièce : ....

b. Tête : ....

c. Feu : ....

5. Employez les homonymes suivants dans une phrase de votre création.

a. Sens : ....

b. Sent : ....

c. Sang : ....

d. Cent : ....

e. Sans : ....

30 Sens propre, sens figuré

Le sens propre

- C'est le sens le plus **courant** d'un mot.
- Il renvoie à la **signification concrète** d'un mot, généralement donnée en premier dans un dictionnaire » p. 109.

Le sens figuré

- Il élargit le sens propre. Il donne un **sens imagé** au mot, parfois de façon poétique.
- Dans les dictionnaires, le sens figuré est souvent identifié par l'abréviation ***fig***.

Mot « dévore »

Sens propre
Le lion **dévore** sa proie.
= manger avec voracité, déchiqueter la viande avec les dents

Sens figuré
Emma **dévore** son livre.
= lire avec passion

Je m'entraîne

1. **Dites si le mot souligné est utilisé au sens propre ou au sens figuré.**

a. Roman a marqué son nom sur la copie. ....

b. Cet élève a beaucoup marqué ses professeurs. ....

c. Samuel a une dent contre sa sœur. ....

d. Il est sans arrêt dans la lune ! ....

e. Je n'aime pas le raisin, il y a trop de pépins. ....

2. **Soulignez les mots utilisés au sens figuré, puis expliquez leur sens.**

a. Passer l'éponge ....

b. Voir la vie en rose ....

c. Jeter de l'huile sur le feu ....

d. Découvrir le pot aux roses ....

e. Ne pas être dans son assiette ....

31 Les niveaux de langue

Pour communiquer à l'écrit ou à l'oral, il faut adapter son langage au destinataire auquel on s'adresse et à la situation dans laquelle on se trouve.

Niveau de langue familier	Niveau de langue courant	Niveau de langue soutenu
utilisé pour les conversations entre amis	langage le plus neutre	discours officiels, littérature classique ou marque l'importance du destinataire
• emploi de tournures populaires, réservées généralement à l'oral	• à l'écrit comme à l'oral • tournures correctes	• à l'écrit • inversions du sujet • vocabulaire littéraire
T'as pas vu la bagnole ? Allez ouste, dehors !	Est-ce que tu n'as pas vu la voiture ? Sortez, s'il vous plaît.	Aurais-tu vu le véhicule automobile ? Puis-je vous demander de sortir ?

Je m'entraîne

Précisez le niveau de langue utilisé dans chaque phrase et soulignez les éléments qui vous ont permis de répondre.

a. J'sais pas pourquoi il a pété un câble ! ....

b. Se restaurer devenait une nécessité. ....

c. Faisons vite sinon elle manquera son train. ....

d. Il a de la chance car il a eu son train ! ....

e. Mes godasses elles brillent. Faut dire que j'les ai bien cirées.

....

f. Ne dirait-on pas que cet homme arbore un postiche sur le crâne ?

....

g. Faisons diligence afin qu'elle ne manque pas son train. ....

32 Les classes grammaticales

On distingue les mots variables (qui s'accordent en genre et en nombre) et les mots invariables (dont l'orthographe ne change pas).

Les mots variables

Les verbes

Je **mange**, ils **finissent**

Les adjectifs qualificatifs

Cette maison est **belle**.
Que ces jardins sont **petits** !

Les noms

- **Nom propre** : Martin, Paris
- **Nom commun** : une **feuille**, un **chien**

Les pronoms

- **Démonstratifs** : celle-ci, celui-ci, ceci, cela… C'est **celui-ci**.
- **Possessifs** : le sien, les nôtres, les leurs… Je te prête **le mien**.
- **Personnels** : je, ils, le, la, lui… **Tu** l'aimes beaucoup.
- **Relatifs** : qui, que, quoi, dont, où, lequel… Je me rappelle le parc **dont** tu parles.
- **Indéfinis** : on, certains, personne… **Chacun** se met en rang !
- **Numéraux** : cinq, cent, mille… Il en mange **trois**.
- **Interrogatifs** : où, quand, comment, quel… **Qui** vient ?

Les déterminants

- **Articles** : le, la, les (définis), un, une, des (indéfinis)
- **Possessifs** : ma, ta, sa, nos, vos, leurs… C'est **mon** livre.
- **Démonstratifs** : ce, cet, cette **Ce** livre est génial !
- **Indéfinis** : certains, chaque, tous… Il vient **tous** les jours.
- **Numéraux** : deux, quatorze… Je vois **quatre** lapins.
- **Exclamatifs** : quel, quels… **Quelle** belle vue !
- **Interrogatifs** : quel, quelles… **Quel** temps fait-il ?

Les mots invariables

Les adverbes
très, beaucoup, souvent, longuement

Les prépositions
à, dans, par, pour, en, vers, avec, de, sans, sous

Les interjections
Aïe ! Chouette ! Ciel ! Zut !

Les onomatopées
plouf, tic-tac, miaou, grrrr

Les conjonctions de coordination
mais, ou, et, or, ni, car

Les conjonctions de subordination
que, quand, comme, si, puisque, parce que, dès que, si bien que

Je m'entraîne

Précisez à quelle classe grammaticale appartient chaque mot souligné.

a. Je **m'**entraîne **tous** les jours afin d'être **prête** pour la finale !

....

b. **Quel** jour reviendrez-vous **de** **votre** voyage ?

....

c. **Chaque** matin, les hiboux regagnent **leurs** nids, ils ont **chacun** **le leur**.

....

....

d. **Montigny-le-Bretonneux** est une ville **très** **champêtre** !

....

e. **Son** âne aime manger du **son**, mais, avec son ânesse,

....

ils ne **sont** pas réceptifs **à** la voix de **leur** maître.

....

33 Les fonctions grammaticales

La fonction d'un mot est le rôle qu'il joue dans une phrase ou dans un groupe de mots.

Fonctions dans le groupe nominal

Complément du nom (CDN)

Groupe prépositionnel (GN introduit par une préposition)
J'ai fait tomber le stylo **de Ryme**.

Épithète

Elle a un **petit** chien **noir**.

Sujet

- Placé avant ou plus rarement après le verbe
- Répond à la question **qui ?** ou **quoi ?**
  Gladys travaille sérieusement.
  Qui travaille sérieusement ?
  = Gladys, sujet du verbe « travaille »

Attribut du sujet

Complète le sujet, derrière un verbe attributif
Flavie est **gentille**.

Verbes attributifs : être, paraître, sembler, demeurer, devenir, rester, avoir l'air, passer pour, être considéré comme, s'appeler…

Je m'entraîne

Donnez la fonction des mots ou groupes de mots soulignés dans les phrases suivantes.

a. Elle aime les glaces.

....

b. Le jardin de mon voisin est magnifique en ce moment.

....

Fonctions dans la phrase

Complément d'objet direct (COD)

Répond à la question : **qui ?** ou **quoi ?** après le verbe

Eliott regarde **la télévision**. Il **la** regarde.

Eliott regarde quoi ?

la télévision = COD du verbe « regarde »

Complément d'objet indirect (COI)

- Répond à la question **à qui ? à quoi ? de qui ?** ou **de quoi ?** après le verbe
- Introduit par une préposition
  Déborah obéit à **ses parents**.
  Elle **leur** obéit. Déborah obéit à qui ? ses parents = COI du verbe « obéit »

Complément circonstanciel (CC)

- Aussi appelé complément de phrase
- Peut être déplacé ou supprimé
- Précise **les circonstances** des faits énoncés : cause, conséquence, temps, lieu, manière, but…
  Macéo marche **rapidement.**
  Macéo marche **comment ?** rapidement = CC de manière du verbe « marche »

c. Cette nouvelle voiture est fantastique !

....

d. Le mois d'octobre annonce Halloween.

....

e. Il lui demanda si elle était heureuse.

....

34 Les expansions du nom

Elles servent à enrichir le nom. Elles sont très utilisées dans les descriptions » p. 88.

L'adjectif qualificatif

- Il **précise le nom** auquel il se rapporte.
- Il est **épithète** du nom.

Ce **grand** homme

Le complément du nom (CDN)

- C'est un **groupe nominal** qui suit le nom qu'il qualifie.
- Il est introduit par une **préposition** (de, à, pour, par...).

La plage **de** Carnac

L'apposition

- C'est un nom (ou GN) **séparé du nom par une virgule.**

Les menhirs, **pierres dressées**, gardent leur mystère.

apposition qui qualifie « les menhirs »

La proposition subordonnée relative

- Elle est introduite par un **pronom relatif** (qui, que, quoi, dont, où, lequel, laquelle, etc.) et contient un verbe conjugué » p. 60.

pronom relatif — verbe conjugué

Les menhirs **que** nous **venons** de voir à Erdeven sont impressionnants.

proposition relative, épithète de « menhirs »

Je m'entraîne

Complétez les noms soulignés par le type d'expansion demandé.

a. La forêt .... *(adj. épithète)* s'étendait à perte de vue.

b. Un chemin ouvrait une .... *(adj. épithète)* brèche dans la forêt .... *(CDN).*

c. .... *(apposition)*, les chênes semblaient veiller sur le voyageur .... *(sub. relative).*

35 La ponctuation

La ponctuation permet de structurer un texte à l'oral et à l'écrit.

La ponctuation forte

Elle est suivie d'une majuscule.

- **Le point** Le professeur interroge un élève**.**
- **Le point d'interrogation** Quel élève sera choisi **?**
- **Le point d'exclamation** Tu as très bien lu **!**
- **Les points de suspension** marquent une hésitation, une interruption ou le suspense, évitent une énumération. Le professeur va arriver**…**

La ponctuation moyenne

Elle est suivie d'une minuscule.

- **Les deux points** introduisent exemples, citations, explications et énumérations.
  Nous devons revoir une leçon **:** les temps du passé.
- **Le point-virgule** se place entre des propositions. La pause est plus marquée que pour la virgule.
  La fin du cours a sonné **;** le professeur s'en va.

La ponctuation faible

- **La virgule** Elle interroge Julia**,** sans oublier Ryiad.
- **Le tiret** (prise de parole d'un personnage)
  – C'est moi, dit-il en arrivant.
- **Les guillemets** (début et fin d'une prise de parole ou d'une citation)
  Le professeur nous demande : **«** Avez-vous fait tous les exercices donnés ? **»**
- **Les parenthèses** (précision, commentaire)
  Célia **(**née en 2003**)** va fêter ses 18 ans.

Je m'entraîne

Complétez les phrases ci-dessous avec la ponctuation manquante. Plusieurs réponses sont parfois possibles.

a. J'aperçus un chien .... sur une assiette .... des restes le tentaient ....

b. Il était affamé et les dévorait .... sans lever la tête ....

c. Le chien mangeait .... tranquillement .... le chat le regardait ....

d. Il vit sa petite sœur .... émerveillée .... En haut d'un arbre, des oiseaux la fascinaient ....

36 Les types et formes de phrases

Une phrase commence par une majuscule et se termine par un point.

Les types de phrases

La phrase déclarative

- Énonce un fait, donne une information
- Se termine par un point

Annie habite une jolie maison.

La phrase injonctive

- Exprime un ordre, un conseil
- Se termine par un point ou un point d'exclamation

Range ta chambre !

La phrase exclamative

- Exprime une émotion
- Se termine par un point d'exclamation

Ce spectacle était grandiose !

Attention ! La phrase exclamative peut également faire partie des formes de phrases (la forme exclamative).

La phrase interrogative

- Pose une question
- Se termine par un point d'interrogation

Où vas-tu passer tes vacances ?

Interrogative totale

La réponse est **OUI** ou **NON**.

Viens-tu au cinéma ?

Interrogative partielle

Le mot interrogatif porte sur une partie de la phrase.

Qui vient demain ?

La forme affirmative

Ne contient aucune négation
Il mange ce soir avec nous.

La forme négative

Contient obligatoirement une négation
Il **ne** mange **rien**.

Les formes de phrases

La forme emphatique

Met en valeur un élément de la phrase, soit par un présentatif, soit par la syntaxe
C'est la lecture que j'aime.
La lecture, **elle**, je l'aime.

La forme impersonnelle

Contient un verbe impersonnel, conjugué uniquement à la 3e personne du singulier
Il pleut.

Je m'entraine

1. Précisez le type de chacune des phrases suivantes.

a. Sors d'ici ! ....

b. Je ne veux pas que tu reviennes demain. ....

c. D'où viens-tu ? ....

d. Merci de ne pas marcher sur la pelouse. ....

e. Quel magnifique soleil ! ....

2. Précisez la forme de chacune des phrases suivantes.

a. Il neige encore beaucoup. ....

b. Pourquoi n'es-tu pas arrivé à l'heure ? ....

c. C'est mon cousin qui arrive du Canada. ....

d. La France, c'est un pays magnifique. ....

e. Je reste à la maison ce week-end. ....

37 Phrase simple et phrase complexe

La phrase simple

- Elle ne contient **qu'un seul verbe conjugué** et donc **une seule proposition** (une proposition indépendante).

Jean-Paul cueille des roses dans le jardin.

La phrase complexe

- Elle contient **plusieurs verbes conjugués** et on compte **autant de propositions que de verbes conjugués**.
- Il existe 3 types de propositions.

Propositions indépendantes

- Juxtaposées (, ; :)
  [Elle part à la mer] : [il fait beau].
- Coordonnées (conjonctions de coordination : mais ou et or ni car)
  [Elle part à la mer] car [il fait beau].

Proposition principale

Proposition subordonnée

- dépend toujours d'une proposition principale
- introduite par un subordonnant (que, si, quand, dès que...)

[Je me demande] [s' il vient].

Proposition principale — Proposition subordonnée

MÉTHODE

- **Souligner** tous les verbes conjugués d'une phrase.
- **Entourer** les conjonctions de coordination ou le signe de ponctuation entre chaque proposition.
- **Encadrer** les mots subordonnants.
- **Mettre entre crochets** les différentes propositions et donner leur classe grammaticale.

[Je sens] [que je vais arriver en retard] car [le train avance très lentement].

Proposition principale — Proposition subordonnée — Proposition indépendante coordonnée à la précédente

Je m'entraîne

1. Soulignez les verbes conjugués et délimitez les propositions dans chacune des phrases ci-dessous.

a. Je ne sais pas qui doit venir avec nous, puisque je n'ai pas reçu toutes les réponses.

b. Notre tante Valérie, qui habite en Bretagne, vient demain, et elle restera jusqu'à Noël.

c. Il ne sait pas ce qu'il fera plus tard.

d. Peux-tu l'aider ?

2. Dans chacune de ces phrases complexes, mettez les propositions entre crochets et dites si elles sont juxtaposées, coordonnées ou subordonnées.

a. Je sais que tu as raison !

....

b. Quand tous les équipements furent en place, nous nous assîmes.

....

c. J'entends mon père dans la maison, car il n'est pas très discret !

....

d. Pourras-tu faire les courses si tu as le temps ?

....

e. François est à l'étage ; il travaille sur ses maquettes.

....

3. Dans les phrases suivantes, mettez les propositions subordonnées entre crochets et encadrez le subordonnant qui les introduit en précisant sa classe grammaticale.

a. Je reviendrai quand tu seras plus motivé !

....

b. Adam lui demanda s'il acceptait sa proposition.

....

c. Le fils d'Ulysse, qui se nomme Télémaque, est heureux de retrouver son père.

....

d. Hercule est d'une force incroyable, si bien que sa victoire est assurée.

....

38 La proposition subordonnée

On classe les différentes propositions subordonnées suivant le type de subordonnant qui les introduit.

Les relatives

- Fonction : **épithète** de l'antécédent
- Introduites par un **pronom relatif** (qui, que, quoi, dont, où, lequel et ses composés) + **GV**

Le chien [**qui** aboie] est le mien.

↑ proposition subordonnée relative introduite par « qui », épithète de « chien »

Les circonstancielles

- Fonction : **complément circonstanciel (CC)** de temps, cause, but, moyen, condition, conséquence, concession…
- Introduites par une **conjonction** de subordination (quand, si, alors que, dès que…)

Je ne sais pas [**quand** Quentin sera là].

↑ proposition subordonnée conjonctive introduite par « quand », CC de temps

Les complétives

- Fonction principale : **COD**

Conjonctives	Interrogatives indirectes	Infinitives
introduites par la **conjonction** de subordination « que »	introduites par un **mot interrogatif** (qui, où, si…)	sans subordonnant : un infinitif avec un sujet propre
↓	↓	↓
Je pense [**qu'**il vient].	Je me demande [**s'**il vient].	Je vois [ma fille arriver].
↑ Proposition subordonnée conjonctive COD introduite par « qu' »	↑ Proposition subordonnée interrogative indirecte introduite par « s' », COD	↑ Proposition infinitive, COD

Je m'entraîne

1. Mettez entre crochets les propositions subordonnées et précisez leur classe grammaticale et leur fonction.

a. Je pense que tu te trompes !

....

b. Promets-moi que tu viendras.

....

c. Prends les clés que j'ai laissées sur la porte.

....

d. Savez-vous s'il va pleuvoir ?

....

e. J'entends les enfants jouer dans leur chambre.

....

2. Mettez entre crochets les propositions subordonnées circonstancielles et précisez si elles expriment la cause, la conséquence, la condition ou la concession.

a. Bien qu'il se couche tard, Evan n'arrive jamais en retard !

....

b. Chloé a beaucoup d'amis parce qu'elle est d'un caractère très agréable.

....

c. Si chaque être humain vivait mille ans, il faudrait coloniser l'espace.

....

d. Tu rentres de vacances, si bien que tu as une mine resplendissante !

....

3. Complétez par le bon subordonnant : parce que • qui • si bien que • combien • dont • que.

a. J'ai dévoré le paquet de chips, ... le soir, je n'avais plus faim.

b. Pars tôt, ... je pense qu'il y aura des embouteillages.

c. Sais-tu .... a gagné le match ?

d. Tu vas vivre des vacances .... tu te souviendras toute ta vie !

e. Dis-moi .... tu as dépensé pour ce joli cadeau.

f. J'ignorais .... tu connaissais mon frère.

4. Dans chacune des phrases suivantes, transformez les deux propositions indépendantes en une principale et une subordonnée.

a. Elle ne pouvait pas rentrer : elle avait oublié ses clés.

....

b. Je suis partie quelques jours, je me suis bien reposée.

....

c. J'ai marché pendant quatre heures, je suis fourbu !

....

39 Les accords dans le groupe verbal

Le verbe s'accorde toujours avec son sujet.

Le sujet inversé ou déplacé

- Le **sujet** n'est pas toujours placé devant le verbe. Vas-**tu** venir ?
- Il peut être séparé du verbe par une expansion du nom ou un complément (COD).
  Un chat me regarde.
  Le chat des voisins qui miaule sous nos fenêtres est roux.

Le sujet pronom relatif QUI

- Le verbe d'une proposition subordonnée relative introduite par **qui** s'accorde avec ce pronom relatif sujet.
  Les vacanciers [**qui** arriveront cette semaine] auront meilleur temps que nous.

LES ACCORDS DANS LE GV

Le sujet indéfini ou collectif

- **Nul, aucun, chacun** = accord au singulier
  Aucun des lapins ne s'échappera.
- **Beaucoup, trop, peu, une douzaine** = accord au pluriel
  Une douzaine d'œufs ont été cassés.
- **Un groupe de, une foule de, la plupart de** = singulier ou pluriel (suivant le sens)
  Un groupe de touristes vient cet après-midi.
  La plupart des enfants arrivent en avance.

Je m'entraîne

Accordez correctement le verbe dans ces phrases.

a. La moitié de la classe voter........ pour Solène.

b. Peu de parents viendr.........

c. Une foule d'insectes bourdonn........ dans le jardin.

d. J'entends Philippe et Julien qui nous demande........ de venir.

Pour reconnaître le sujet, vous pouvez poser la question *Qui ?* ou *Qu'est-ce qui ?* devant le verbe.

40 Les accords dans le groupe nominal

Le groupe nominal (GN) est constitué d'un nom noyau, d'un déterminant et parfois d'expansions du nom p. 54**. Les expansions du nom s'accordent avec le nom auquel elles se rapportent.**

Le nom
Il s'accorde en genre et en nombre avec le déterminant.
Le dauphin / Les dauphins
Un auteur / Une auteure

L'adjectif qualificatif
Il s'accorde avec le nom, ou le pronom, auquel il se rapporte.
Seule, la petite fille court dans la campagne.
Les jeunes gens arrivent.
Épuisées par un long voyage, elles rentrèrent directement chez elles.

LES ACCORDS DANS LE GN

La proposition subordonnée relative introduite par QUI
La proposition subordonnée relative fait partie du GN. Le verbe de cette proposition s'accorde avec le pronom **qui**, reprenant un nom ou pronom de ce GN.
Le chien [qui aboie] est le mien.
Les fleurs [qui sont dans le jardin] sont magnifiques.

Je m'entraîne

Faites les accords nécessaires dans les phrases suivantes.

a. Les .... *(jeune)* .... *(fille)* .... *(étonné)* se retournent vers leurs .... *(amie)*.

b. Cette femme .... *(muet)* apprend le langage des .... *(signe)*.

c. Les plats .... *(local)* sont merveilleusement bons !

d. .... *(Certain)* .... *(lumière)* s'allumèrent en même temps.

41 L'accord du participe passé

ACCORD DU PARTICIPE PASSÉ

Avec être

= accord en genre et en nombre avec le **sujet**

Aurélie et Stéphanie sont **douées** pour l'informatique.

Avec avoir

- COD après le verbe = invariable
  Affamée, Estelle a **mangé** une pomme.
- COD avant le verbe = accord en genre et en nombre avec le COD
  Affamée, Estelle l'a **mangée**.

Le participe passé des verbes pronominaux

Verbes essentiellement pronominaux (verbes qui ne s'emploient qu'à la voix pronominale)
→ comme avec **être**
→ Elles se sont enfui**es**.

Verbes pronominaux de sens passif (le sujet subit l'action)
→ comme avec **être**
→ Elles se sont bien vendu**es**.

Verbes réfléchis ou réciproques (le sujet fait lui-même l'action)
→ mêmes règles que pour **avoir**
→ Elles se sont lavé les mains.
› COD placé après : on n'accorde pas
Elles se les sont lavées.
› COD placé avant : on accorde
Elles se sont lavées.
› COD placé avant : on accorde
Elles se sont écrit. › pas de COD (« se » est COI) : on n'accorde pas

Cas particuliers

Le participe reste **invariable** :

- Quand il est conjugué avec **avoir** et précédé du pronom personnel *« en »* COD. Elles ont cueilli des pommes, elles **en** ont mangé.
- Quand il appartient à un **verbe impersonnel** (verbe qui ne se conjugue qu'à la troisième personne comme falloir, pleuvoir…). Il a plu.

Je m'entraîne

1. Entourez le sujet ou les sujets qui conviennent.

a. (Les cartables / Le cartable / Le sac et le panier) sont vidés et rangés.

b. (Il / Un vase / Des fleurs) était posé devant la fenêtre.

c. (La lettre / Les lettres / Le courrier) sont acheminées par voie aérienne.

d. (Ma sœur / Les enfants / Mon frère) a demandé la permission.

e. (Les élèves / Mes copines / Hugo) ont récité un poème.

2. Complétez le participe passé avec la terminaison qui convient.

a. Noah n'as pas p........ *(pouvoir)* venir.

b. Nous sommes rentr........... *(rentrer)* tard et nous avons dîn........ *(dîner)* aussitôt.

c. Ils sont ém........ *(émouvoir)* par le film.

d. Elles sont descend........ *(descendre)* dans le salon.

e. Je suis satisfai........ *(satisfaire)* de tes résultats.

f. Êtes-vous arriv........ *(arriver)* seule ?

g. Mon chien aime les courgettes : il en a mang........ *(manger)* beaucoup !

3. Écrivez le participe passé des verbes entre parenthèses en veillant à bien accorder.

a. Ils sont .... *(convaincre)* qu'il va faire beau.

b. Leurs amies, Manon et Alana, sont .... *(venir)* les rejoindre.

c. Ils sont .... *(aller)* se promener.

d. Il a .... *(dévorer)* son repas.

e. Nous avons .... *(voir)* des paysages magnifiques.

f. Il lui demanda quels romans elle avait .... *(lire)*.

g. Quelle belle journée nous avons .... *(avoir)* !

h. Tu ne peux pas imaginer toutes les horreurs qu'il m'a .... *(dire)*.

4. Complétez les participes passés de ces verbes pronominaux.

a. Eva s'est coiff.......... *(coiffer)*.

b. Elles se sont perm........ *(permettre)* une journée de repos.

c. Elles se sont mis........ *(mettre)* en route.

d. Ils se sont écorch........ *(écorcher)* les genoux à jouer sur ces cailloux.

e. Elle s'est bless.......... *(blesser)* à la jambe.

f. Elle s'est lav......... *(laver)* les cheveux.

42

Les principaux homophones

Les homophones sont des mots ayant la même prononciation mais une orthographe différente. Voici quelques astuces pour les distinguer.

A, À			
a	verbe	se remplace par *avait*	Il **a** (avait) parlé à Florence.
à	préposition	ne se remplace pas par *avait*	Il habite **à** Clermont-Ferrand.

CE, CEUX, SE			
ce	déterminant	▶ un autre déterminant	**Ce** (le) jardin est beau.
ce	pronom	▶ il(s), cela, la chose	**Ce** (ils) sont des adolescents.
ceux	pronom	▶ celui	**Ceux** qui veulent (celui qui veut) participent.
se	pronom	▶ une autre personne	Ils **se** reparlent (nous nous reparlons).

CES, SES, SAIS / SAIT			
ces	déterminant	▶ un autre déterminant	**Ces** (les / des) voitures
ses	déterminant	▶ les siens	**Ses** voisins (les siens)
sais / sait	verbe *savoir*	▶ savais (savait)	Il **sait** (savait).

C'EST, S'EST		
c'est / c'était	▶ le futur	**C'est** (ce sera) un temps magnifique.
s'est / s'était	▶ une autre personne	Il **s'est** (nous nous sommes) trompé(s).

LA, L'A(S), LÀ			
la	déterminant	▶ une	**La** (une) bougie
la	pronom	▶ le	Il **la** (le) sent.
l'a(s)	pronom l' + verbe *avoir*	▶ l' + temps composé	Il **l'a** (l'avait) vu surpris.
là	adverbe	▶ ici, là-bas	Il est **là** (ici).

MA, M'A(S)			
ma	déterminant	▶ la mienne	**Ma** femme (la mienne)
m'a(s)	m' + verbe *avoir*	▶ m' + temps composé	Tu **m'as** appelé ?

MES, MAIS, MET / METS			
mes	déterminant	▶ les miens	**Mes** enfants (les miens)
mais	conjonction	▶ pourtant	Il a de l'argent **mais** (pourtant) il est avare.
met / mets	verbe *mettre*	▶ l'imparfait	Il **met** (mettait) du cœur à l'ouvrage.

ON, ONT			
on	pronom	▶ il	**On** (il) arrivait.
ont	verbe *avoir*	▶ l'imparfait	Ils **ont** (avaient) faim.

OU, OÙ			
ou	conjonction	▶ ou bien	Veux-tu une nappe rouge **ou** (ou bien) bleue ?
où	pronom relatif	▶ un lieu ou un moment	C'est le lieu **où** je vis.

QUAND, QUANT, QU'EN			
quand	conjonction	▶ lorsque	**Quand** (lorsque) tu seras là, je te le montrerai.
quant	+ à / au(x)	▶ en ce qui concerne	**Quant** à elle, c'est une pensionnaire.
qu'en	que + en	▶ de cela	**Qu'en** pensez-vous ? (Que pensez-vous de cela ?)

SA, ÇA			
sa	déterminant	▶ la sienne	**Sa** sœur (la sienne / ta sœur) est partie.
ça	pronom	▶ cela	Je ne regarde pas **ça** (cela).

SANS, S'EN, C'EN, SENT / SENS			
sans	préposition	▶ avec	Il est parti **sans** (avec) elle.
s'en	pronom + en + verbe pronominal	▶ se… de cela	Il serait temps de **s'en** inquiéter (s'inquiéter de cela).
c'en	devant le verbe *être*	▶ *en* peut être supprimé	**C'en** était ridicule (c'était ridicule).
sent	verbe *sentir*	▶ l'imparfait	Cette lavande **sent** (sentait) bon !

Je m'entraîne

1. **Complétez les phrases suivantes par : c'est • ces • s'est • sais • sait • ses.**

a. Elle .... ce que .... que de vivre un tel drame.

b. Dans .... conditions, le professeur .... adressé à .... élèves pour connaître leur avis.

c. ....-tu où partent .... voyageurs ?

d. Il .... beaucoup investi avec .... partenaires.

2. **Complétez les phrases suivantes par : à ou a.**

a. Ses grands-parents habitent ...... la campagne.

b. Vincent ...... acheté une nouvelle maison.

c. Le magicien ...... fait un tour surprenant.

d. Il n'y ...... rien ...... faire !

43 Les temps de l'indicatif

L'indicatif est le mode du réel.

Les temps simples (une seule forme verbale)

Le présent

- **Énonciation** (présent d'actualité) au moment où l'on parle
  À cet instant, le silence se fait.
- **Habitude**
  Il se lève tous les matins à 6 heures.
- **Narration** (texte au passé) pour rendre une scène plus vivante
  Il racontait ses exploits quand son frère arrive subitement.
- **Vérité générale** Un et un font deux.
- **Futur proche** Je viens dans cinq minutes.
- **Passé proche** Marielle vient de partir.

Le passé simple

- **Succession de faits** (dans un récit)
  Il prit une assiette, posa un verre sur la table, et entama son déjeuner.
- **Action de premier plan** (fait bref et ponctuel)
  Le ballon cassa la fenêtre, alors qu'ils jouaient dehors.

Le futur

- Un fait qui ne s'est pas encore produit
  Il arrivera après-demain par le premier train.
- **Ordre** (ou conseil)
  Vous viendrez avec moi.
- **Vérité générale**
  Rira bien qui rira le dernier.

L'imparfait

- **Action d'arrière-plan,** secondaire (action qui dure)
  Le soleil se levait, il fit alors un temps magnifique.
- **Habitude**
  Il mangeait son mille-feuille tous les jours.
- **Description** (dans un récit au passé)
  Sa chevelure ondulait gracieusement.

Je m'entraîne

Nommez le temps des verbes soulignés et précisez sa valeur.

a. Quand soudain il tomba, tout le monde se mit à rire.

....

b. Quand tu entras dans ma chambre, je dormais profondément.

....

c. L'eau bout à cent degrés. ....

d. Il répétait tous les matins : « Aujourd'hui, je suis en forme. »

....

Les temps composés (deux formes verbales)

Ils expriment des actions ou des faits achevés. On appelle **antériorité** le fait de situer des faits passés par rapport à d'autres faits présents, passés ou futurs.

Le passé composé

= auxiliaire **être / avoir** au présent **+ participe passé**
Il exprime des faits achevés et l'antériorité par rapport au présent.

Ce que tu as fait est fantastique.

Le plus-que-parfait

= auxiliaire **être / avoir** à l'imparfait **+ participe passé**
Il exprime l'antériorité par rapport à un temps du passé.

La veille, il avait acheté le journal qu'il lisait depuis le petit-déjeuner.

Le passé antérieur

= auxiliaire **être / avoir** au passé simple **+ participe passé**

Quand il eut trouvé la solution, il cria de joie.

Le futur antérieur

= auxiliaire **être / avoir** au futur **+ participe passé**

Je ne partirai que lorsque j'aurai préparé toutes mes affaires.

La correspondance entre les temps simples et les temps composés

Temps simples		Temps composés	
Présent	Il/Elle mange.	Passé composé	Il/Elle a **mangé**.
Imparfait	Il/Elle mangeait.	Plus-que-parfait	Il/Elle avait **mangé**.
Futur	Il/Elle mangera.	Futur antérieur	Il/Elle aura **mangé**.
Passé simple	Il/Elle mangea.	Passé antérieur	Il/Elle eut **mangé**.

Je m'entraîne

Pour les phrases suivantes, nommez le temps composé correspondant au temps simple utilisé et conjuguez-le.

a. Ils verront leurs cousins demain. ....

....

b. Elles venaient dès la fin du déjeuner. ....

....

c. Nous partons en croisière pour une semaine. ....

....

d. Ils virent alors arriver une tempête incroyable. ....

....

44 L'impératif et le subjonctif

L'impératif présent

Caractéristiques
- **3 formes de conjugaison** (2es personnes du singulier et du pluriel, 1re personne du pluriel)
- **Absence de sujet**

Valeurs et emplois
- **Ordre** Range ta chambre !
- **Défense** Ne mange pas sur le canapé.
- **Conseil, prière** Gardez espoir.

Conjugaison
- **-e, -ons, -ez** (verbes du 1er groupe)
  Chante, chantons, chantez
- **-s, -ons, -ez** (verbes des 2e et 3e groupes)
  Pars, partons, partez
  Attention, il existe des exceptions : pas de -s pour le verbe **aller** (va) » p. 127.

Le subjonctif

= mode du virtuel, du possible

Conjugaison
- **Présent** : -e, -es, -e, -ions, -iez, -ent » tableaux p. 123-127
- **Passé** : être / avoir au subjonctif présent + participe passé

Caractéristiques
- **4 temps** : présent, passé / imparfait, plus-que-parfait (= textes littéraires)
- **Employé dans des propositions subordonnées** :
  - avec QUE (verbe de souhait, de sentiment, d'ordre)
  - avec une locution ou conjonction de subordination (dès que, avant que, pour que…)
- **Employé dans des propositions indépendantes**, précédé de QUE

Valeurs et emplois
- **Dans une phrase simple** : ordre, souhait, défense
  Qu'il vienne avec nous.
  Qu'il sorte tout de suite !
- **Dans une subordonnée complétive**
  J'exige qu'il sorte !
  Je souhaite qu'elle revienne.
  Il faut que nous réussissions.
- **Dans une subordonnée circonstancielle** : but, temps…
  Appelle-moi afin que nous puissions savoir si tout va bien.

Je m'entraîne

1. **Conjuguez les verbes entre parenthèses à l'impératif et précisez leur valeur.**

a. En mai, ... *(faire, 2e pers. sg)* ce qu'il te plaît. ....

b. .... *(tondre, 1re pers. pl)* la pelouse aujourd'hui. ....

c. Ne .... *(toucher, 2e pers. pl)* plus à l'ordinateur. ....

d. .... *(être, 2e pers. sg)* à l'heure ! ....

e. .... *(avoir, 2e pers. pl)* confiance en vous. ....

2. **Réécrivez les infinitifs à l'impératif, à la 2e personne du singulier.**

a. Mettre sa main devant sa bouche. ....

b. Ne pas rentrer trop tard. ....

c. Ne pas mentir. ....

d. Ne pas se plaindre. ....

e. Ne pas pointer du doigt. ....

3. **Conjuguez chaque verbe à la 1re personne du singulier et du pluriel.**

Verbes	Subjonctif présent	Subjonctif passé
Être	....	....
Avoir	....	....
Finir	....	....
Venir	....	....
Devoir	....	....
Savoir	....	....

4. **Conjuguez les verbes entre parenthèses au subjonctif présent.**

a. .... *(Advenir)* que pourra !

b. Nous souhaitons que vous .... *(disparaître)*.

c. Le professeur veut que Gaëtan .... *(courir)*.

d. Je souhaite que vous .... *(éteindre)* la lumière.

45 Les temps du récit

Le récit au présent

Le présent
Je **pars** faire les courses.

Le futur
= action à venir
Viendras-tu au théâtre avec moi ?

L'imparfait
= arrière-plan du récit
« Maître Corbeau, sur un arbre perché,
Tenait en son bec un fromage. »
(La Fontaine, *Fables*)

Le passé composé
= action achevée
Je **suis venu**, j'**ai vu**, j'**ai vaincu**.
(César, lors de la bataille de Zéla en 47 av. J.-C.)

Le récit au passé

Le passé simple
= action principale du récit, premier plan
Il riait quand soudain, il **s'étouffa**.

L'imparfait
= action secondaire du récit, arrière-plan
Il **riait** quand soudain, il s'étouffa.

Le plus-que-parfait
= action antérieure à l'action principale
J'**avais terminé** mes devoirs quand tu es arrivé.

Le passé antérieur
= action antérieure à l'action principale
Quand la pluie **eut recouvert** ses traces, nous perdîmes le gibier.

Le conditionnel
= action postérieure à l'action principale, futur dans le passé
Ils **iraient** jouer au foot dès le lendemain. Il fallait qu'ils finissent leur travail auparavant.

Je m'entraîne

1. Transposez les verbes en gras au passé.

Amour. Ce mot, que la Traductrice **utilise** parce qu'elle ne **trouve** pas l'équivalent du vôtre, n'**existe** pas dans votre langue. Depuis que je t'**ai vue** vivre auprès de Paikan, j'**ai compris** que c'était un mot insuffisant.

....
....
....
....

René Barjavel, *La Nuit des temps* (1968)

2. Conjuguez les verbes entre parenthèses à l'imparfait ou au passé simple.

À l'orée d'une grande forêt, *(vivre)* .... un pauvre bûcheron, sa femme et ses deux enfants. Le garçon *(s'appeler)* .... Hansel et la fille, Gretel. La famille ne *(manger)* .... guère. Une année que la famine *(régner)* .... dans le pays et que le pain lui-même *(venir)* .... à manquer, le bûcheron *(ruminer)* .... des idées noires, la nuit, dans son lit et *(remâcher)* .... ses soucis. […]
Quand la pleine lune *(briller)* .... dans le ciel, il [Hansel] *(prendre)* .... sa sœur par la main et *(suivre)* .... les petits cailloux blancs. Ils *(étinceler)* .... comme des écus frais battus et *(indiquer)* .... le chemin. Les enfants *(marcher)* .... toute la nuit et, quand le jour *(se lever)* ...., ils *(atteindre)* .... la maison paternelle. Ils *(frapper)* .... à la porte.

Frères Grimm, *Hansel et Gretel* (1812)

3. Transposez ce texte au présent.

Tous les matins, il se levait .... tôt et se préparait ....
Il se dirigeait .... vers ses fourneaux. Il prenait .... sa farine et pétrissait .... son pain. Il le cuisait .... et le sortait .... du four une fois doré. Il était .... enjoué à l'idée de régaler ses clients. Ils attendaient .... déjà devant la vitrine, heureux à l'idée de croquer dans du bon pain frais et chaud.
Ils trépignaient ...., impatients.

46 Voix active, voix passive, voix pronominale

Il existe trois types de voix verbales.

La voix active

- Elle sert à indiquer que **le sujet fait l'action.**
- Le verbe est conjugué à l'**actif**, avec ou sans COD.

Le général a décoré ses plus valeureux soldats.

sujet — passé composé actif — COD

La voix passive

- Elle permet d'indiquer que ce n'est plus le sujet qui fait l'action, mais qu'il la subit.
- Le verbe est conjugué au **passif**, sans COD.
- L'action est accomplie par le **complément d'agent**, introduit par « de » ou « par ».
- Seuls les **verbes transitifs directs** (suivis d'un COD) sont concernés par la voix passive.

Les plus valeureux soldats ont été décorés par le général.

sujet — passé composé passif — complément d'agent

MÉTHODE pour passer de la voix active à la voix passive

- **Conjuguer** l'auxiliaire *être* aux mêmes temps et mode que le verbe à l'actif.
- **Ajouter** le participe passé du verbe.
- **Transformer** le COD de la phrase active en sujet de la phrase passive.
- **Transformer** le sujet à l'actif en complément d'agent.

Le chat a mangé une souris.
Une souris a été mangée par le chat.

La foule sera surprise par le spectacle.
Le spectacle surprendra la foule.

Correspondance des temps

Temps	Actif	Passif
Présent	Il/Elle mange.	Il/Elle **est** mangé(e).
Imparfait	Il/Elle mangeait.	Il/Elle **était** mangé(e).
Futur	Il/Elle mangera.	Il/Elle **sera** mangé(e).
Passé composé	Il/Elle a mangé.	Il/Elle **a été** mangé(e).
Passé simple	Il/Elle mangea.	Il/Elle **fut** mangé(e).
Plus-que-parfait	Il/Elle avait mangé.	Il/Elle **avait été** mangé(e).
Futur antérieur	Il/Elle aura mangé.	Il/Elle **aura été** mangé(e).
Passé antérieur	Il/Elle eut mangé.	Il/Elle **eut été** mangé(e).
Conditionnel présent	Il/Elle mangerait.	Il/Elle **serait** mangé(e).
Subjonctif présent	Qu'il/elle mange.	Qu'il/elle **soit** mangé(e).

La voix pronominale

- Elle indique que le sujet fait et subit l'action en même temps. » p. 64
- Le verbe est toujours précédé d'un **pronom réfléchi** à la même personne que le sujet.

Nathan se douche. ➤ Nathan douche lui-même.

Je m'entraine

1. Faites une croix dans la colonne correspondant à la voix de chaque verbe.

	Voix active	Voix passive	Voix pronominale
a. Il avait été jugé.			
b. Nous étions regardées.			
c. Je me serais souvenu.			
d. Elle a cru.			
e. Elles s'effondreront.			

2. Transformez ces phrases actives en phrases passives.

a. Tous applaudirent le chanteur.

....

b. Un problème a tracassé Anna hier.

....

c. La tempête avait fracassé le bateau.

....

d. Les élèves auront lu tous les livres.

....

47 Les paroles rapportées

Le discours rapporté peut prendre plusieurs formes : le discours direct, le discours indirect, le discours indirect libre et le discours narrativisé.

Le discours direct

rapporte directement les paroles prononcées par les personnages.

Marques de l'énoncé ancré

« **J'**ai faim **aujourd'hui** », dit-elle.

Verbe introducteur de parole ou de pensée

Avant, au milieu ou à la fin des propos rapportés

Elle dit : « Il fait froid aujourd'hui. »
« Il fait froid, **dit-elle**, aujourd'hui. »
« Je ne sortirai donc pas ! » **ajoute-t-elle**.

Ponctuation

- **Guillemets** pour encadrer les propos
- **Tirets** pour indiquer le changement de personnage
- Souvent les **deux points** après le verbe introducteur

Marques de l'oralité

Interjections, hésitations, phrases exclamatives et interrogatives

« **Quoi** ! Comment as-tu pu oublier de sortir le chien ? » cria-t-elle.

Le discours indirect

insère les paroles dans le récit.

Aucune ponctuation spécifique

Ils veulent **que je vienne avec eux en vacances**.

Verbe de parole ou de pensée

suivi d'une proposition subordonnée ou d'un infinitif

J'ai promis **que je viendrais**.
J'ai promis **de venir**.

Marques de l'énoncé coupé

Elle leur a précisé qu'**elle** leur cuisinerait du bœuf bourguignon **la semaine suivante**.

Le discours indirect libre

se place entre le discours direct et le discours indirect.

Marques de l'énoncé coupé

Il réfléchissait : que ferait-**il le lendemain** du mariage ?

Verbe de parole ou de pensée facultatif

Elle réfléchit, il valait mieux attendre.

➤ On a l'impression que le personnage réfléchit à voix haute.

La concordance des temps

Il faut veiller à **la concordance des temps** entre le verbe de la proposition principale et celui de la subordonnée.

Verbe de parole	Antériorité	Simultanéité	Postériorité
Il affirme	qu'il a regardé	qu'il regarde	qu'il regardera
Elle affirma	qu'elle était venue	qu'elle regardait	qu'elle regarderait

Zoom Brevet **Le discours narrativisé** résume les paroles prononcées. L'explication est passée sous silence, l'action est résumée en une seule proposition.
Elle rentra et lui expliqua ce qui s'était passé.

Je m'entraîne

1. **Transformez cette phrase : Pauline réfléchissait à ce qu'elle allait faire.**

a. au discours direct ▸ ……………………………………………

b. au discours indirect libre ▸ ……………………………………………

c. au discours narrativisé ▸ ……………………………………………

……………………………………………

2. **Transposez ce texte au discours indirect.**

Il me dit : Tu as écrit à ta mère que tu étais malheureuse ici. Je suis stupéfaite : Comment le sais-tu ? – Eh bien j'ai reçu une lettre de ta mère. Elle me fait des reproches, elle me dit qu'on ne s'occupe pas bien de toi, que tu te plains…

Nathalie Sarraute, *Enfance* (1983) © Éditions Gallimard

……………………………………………

……………………………………………

……………………………………………

……………………………………………

……………………………………………

……………………………………………

……………………………………………

48 Réussir sa dictée

La dictée est un exercice d'orthographe et de logique.

Pendant la dictée

- La première lecture de la dictée permet de **comprendre le sens** du texte et d'écouter les **liaisons**.
- Il est possible de demander à l'enseignant(e) de **ralentir**, de **répéter** un groupe de mots ou d'**expliquer** le sens d'un mot.

La relecture

- **Accords dans le GN :** encadrer le déterminant qui commande l'accord du nom et de l'adjectif, relier les mots par une flèche et **vérifier l'accord** » p. 63.
  Les grands arbres verts
- **Accord sujet-verbe :** encadrer le sujet, le relier au verbe et **vérifier l'accord** » p. 62.
  Je viens. Les grands-parents arrivent.
- **Terminaison d'une forme verbale en -é ou -er :** remplacer par un verbe du 3ᵉ groupe.
  Il a mangé. › Il a mordu.
  Il vient de manger. › Il vient de mordre.
- **Homophones :** remplacer par des mots « astuces » pour les distinguer » p. 66.
- **Lettres muettes à la fin du mot :** penser à un mot de la même famille » p. 44.
  long = longuement, placard = placarder, muet = muette, lourd = lourdement

Quelques mots « astuces »

- **a** = avait / **à** ≠ avait
- **son** = le sien / **sont** = étaient
- **et** = et puis / **est** = était
- **on** = il / **ont** = avaient
- **ce** + nom (un) / **se** + verbe (me)
- **ces** = ceux-là / **ses** = les siens
- **la** = une / **là** = ici
- **or** = mais / **hors** = excepté
- **c'est** = ceci est / **sait** = savons

Zoom Brevet **L'épreuve de dictée** a lieu après les questions sur le texte et l'image et avant la production écrite. Elle dure 20 minutes.

MÉTHODE pour relire

- **Vérifier** la ponctuation et la présence de majuscules en début de phrases.
- **Encadrer** les mots commandant des accords.
- **Relier** ces mots par une flèche et vérifier l'accord.
- **Entourer** les auxiliaires *avoir* et *être* » p. 64.
- **Placer** un signe ≠ sous les homophones.

Je m'entraine

1. Entourez la bonne terminaison ou la bonne orthographe des mots.

On ne peut vraiment rien trouv**é / er** de plus délicieux, de plus retir**é / er** que **ce / se** petit village perdu au milieu des roch**e / es**, intéressant par son double côté marin et pastor**ale / al**. Tous pêcheu**r / rs** ou laboureu**r / rs**, les gens d'ici **ont / on** l'abord rude, peu engageant. Ils ne vous invit**e / ent** pas à rest**er / é** chez eux, au contraire. Peu à peu pourtant ils s'humanis**ent / es**, et l'on est étonn**er / é** de voir sous **ces / ses** durs accueils des êtres naïfs **et / est** bons.

Alphonse Daudet, *Sources sages* (XIXe s.)

2. Dans le texte ci-dessous, encadrez les mots qui commandent les accords des mots en gras et reliez-les par une flèche aux mots subissant cet accord.

Ce jour-là, ils **traînaient** le long des **chemins** et leurs **pas semblaient alourdis** de toute la mélancolie du temps, de la saison et du paysage. Quelques-uns cependant, les **grands**, **étaient** déjà dans la cour de l'école et **discutaient** avec animation. Le père Simon, le maître, sa calotte en arrière et ses lunettes sur le front, dominant les yeux, **était installé** devant la porte qui **donnait** sur la rue. Il **surveillait** l'entrée, **gourmandait** les **traînards**, et, au fur et à mesure de leur arrivée, les petits garçons, soulevant leur casquette, **passaient** devant lui, traversaient le couloir et se répandaient dans la cour.

Louis Pergaud, *La Guerre des boutons* (1912)

3. Dictée préparée
Faites-vous dicter le texte de l'exercice 2.

4. Dictée audio hatier-clic.fr/21carf07
Écrivez la dictée et relisez-vous attentivement.

49 Réussir l'exercice de réécriture

Il s'agit de réécrire un texte en y apportant les modifications demandées par les consignes.

Les différents types de réécriture

- **Un changement de personne** (pronoms personnels, possessifs, démonstratifs et déterminants)
  Elle le regarde et lui sourit. > Elle **les** regarde et **leur** sourit.
- **Un changement de genre** (accords adjectifs et participe passé)
  Notre ancien voisin est parti. > Notre ancien**ne** voisin**e** est parti**e**.
- **Un changement de temps** (conjugaison, concordance des temps)
  Dès qu'elle l'a lu, elle me le prête. > Dès qu'elle l'**avait lu**, elle me le **prêtait**.
- **Une transposition de discours** (paroles rapportées : discours direct et indirect » p. 76)
  Emilia disait que Jacques allait bien. > Emilia disait : « Jacques va bien. »

La double consigne

L'énoncé peut comporter une double consigne : changement de temps et de personne par exemple.

Dès qu'elle l'a lu, elle me le prête. > Dès qu'elle**s** l'**avaient lu**, elle**s** me le **prêtaient**.

Zoom Brevet Cet exercice fait partie des **questions sur le texte.** Il est inséré dans la partie Grammaire et compétences linguistiques. Il est noté en général sur 10 points.

MÉTHODE

- **Entourer** les verbes conjugués : ils introduisent les changements.
- **Repérer** et souligner dans l'énoncé le(s) changement(s) demandé(s).
- **Surligner** dans le texte les mots concernés par les modifications.
- **Réécrire** le texte au brouillon, en sautant des lignes pour pouvoir écrire en dessous de chaque mot surligné le changement effectué.
- **Recopier** au propre en vérifiant n'avoir rien oublié.
- **Se relire** plusieurs fois (les fautes faites en recopiant ainsi que les oublis de mots sont sanctionnés).

Je m'entraîne

1. Réécrivez ce texte au présent.

Ma seule consolation, quand je montais me coucher, était que maman viendrait m'embrasser quand je serais dans mon lit. Mais ce bonsoir durait si peu de temps, elle redescendait si vite, que le moment où je l'entendais monter, puis où passait dans le couloir à double porte le bruit léger de sa robe de jardin en mousseline bleue [...], était pour moi un moment douloureux.

Marcel Proust, *Du côté de chez Swann* (1913)

2. Réécrivez le texte en mettant au passé composé les verbes qui sont au passé simple et en remplaçant « je » par « elles ».

Je fus samedi à Versailles avec les Villars. [...] Je saluai le roi, ainsi que vous me l'avez appris ; il me rendit mon salut, comme si j'avais été jeune et belle. La reine me parla longtemps de ma maladie [...]. Elle me dit encore quelques mots de vous.

Madame de Sévigné, *Lettres* (1676)

50

Écrire une lettre

La lettre obéit à des codes précis, on parle du genre épistolaire p. 26.

Lettre privée et lettre officielle

- Le plus souvent manuscrite, la **lettre privée** est intime et destinée à un(e) proche.
- La **lettre officielle** est indispensable dans les relations administratives.

	Lettre privée	Lettre officielle
Temps	présent, imparfait, passé composé	présent, futur, passé composé, conditionnel présent
Niveau de langue	courant ou familier	courant et soutenu p. 49
Style	phrases courtes ponctuation variée p. 55	vocabulaire et ton neutres vouvoiement

Fonctions

- Raconter, donner des **informations**
- Exprimer des sentiments, des émotions
- Solliciter, protester
- Faire une déclaration
- Remercier

Vocabulaire

Émetteur : auteur de la lettre
Destinataire : personne à qui est destinée la lettre
Corps de la lettre : le détail de l'objet de la lettre

La mise en page

Coordonnées
de l'émetteur

Lieu et date

Coordonnées
du destinataire

Objet : Demande de stage

Formule d'appel Madame, Monsieur,

Corps de la lettre en plusieurs paragraphes

Formule finale Veuillez agréer, Madame / Monsieur, Cordialement, Salutations respectueuses

Nom et signature

pix — Produire des documents à contenu majoritairement textuel

Dès le collège, la maîtrise du traitement de texte est indispensable pour communiquer des idées et valoriser ses travaux.

▶ Entraînez-vous à reproduire le modèle de mise en page ci-contre dans un logiciel de traitement de texte (Open Office, Word...).

Zoom Brevet En 3e, le stage de découverte d'une semaine en entreprise exige la rédaction de **deux lettres : motivation et remerciements.** Ce stage fait partie du Parcours Avenir, qui peut être choisi dans le cadre de l'oral du brevet.

Je m'entraîne

1. **a.** Dans cette lettre, soulignez les éléments caractéristiques du genre épistolaire.

b. Précisez s'il s'agit d'une lettre privée ou officielle. Expliquez.

....

....

Le 28 décembre 1914
Ma bien chère petite Alice,
Nous sommes de nouveau en réserve pour quatre jours, au village des Brebis. Le service tel qu'il est organisé maintenant est moins fatigant. Quatre jours aux tranchées, quatre jours en réserve. Nos quatre jours de tranchées ont été pénibles à cause du froid et il a gelé dur, mais les Boches nous ont bien laissés tranquilles. Le jour de Noël, ils nous ont fait signe et nous ont fait savoir qu'ils voulaient nous parler. C'est moi qui me suis rendu à 3 ou 4 mètres de leur tranchée d'où ils étaient sortis au nombre de trois pour nous parler. Je résume la conversation que j'ai dû répéter peut-être deux cents fois depuis à tous les curieux. C'était le jour de Noël, jour de fête, et ils demandaient qu'on ne tire aucun coup de fusil pendant le jour et la nuit, eux-mêmes affirmant qu'ils ne tireraient pas un seul coup. Ils étaient fatigués de faire la guerre, disaient-ils, étaient mariés comme moi (ils avaient vu ma bague), n'en voulaient pas aux Français mais aux Anglais. Ils me passèrent un paquet de cigares, une boîte de cigarettes bouts dorés, je leur glissai *Le Petit Parisien* en échange d'un journal allemand et je rentrai dans la tranchée française où je fus vite dévalisé de mon tabac boche. […] Fais part de mes amitiés à tous.
Mes meilleures caresses aux petites, et à toi mes plus affectueux baisers.
Gustave

Paroles de Poilus, Librio (1998)

2. **Zoom Brevet** Rédigez une lettre de demande de stage. Notez d'abord dans le tableau les idées que vous allez développer dans le corps de votre lettre.

Présentation	....
Demande	....
Motivation	....
Qualités	....

51 Écrire un récit

Rédiger un récit, c'est raconter une histoire, en respectant les codes d'écriture.

Le récit

- **Une histoire** réelle ou imaginaire
- **Une intrigue** cohérente et organisée (respect du schéma narratif et du schéma actanciel » p. 18 et 20)
- Des **personnages** bien définis et qui évoluent
- Un système de **temps verbaux** au présent ou au passé » p. 72
- Le choix du statut du **narrateur** et de **son point de vue** :
  - **1re personne** pour un souvenir ou une expérience personnelle
  - **3e personne** pour les aventures d'un personnage
- Des **paragraphes** (pour montrer la progression du récit) » p. 30

Vocabulaire

Fiction : histoire imaginaire
Histoire : ce qui est raconté
Narration : façon de raconter

Les procédés d'écriture

- L'utilisation des différents types et formes de **discours** (direct, indirect » p. 76 ; narratif, explicatif, descriptif…)
- L'insertion possible de **dialogues** » p. 94
- Les **champs lexicaux** pour varier et préciser le vocabulaire
- Les **connecteurs logiques** qui montrent la progression du récit » p. 98 puis, enfin, or…
- Le choix de la **ponctuation** » p. 55
- **Les figures de style** comparaison, métaphore, hyperbole… » p. 34

Zoom Brevet Écrire un récit fait partie des énoncés possibles dans le **sujet d'imagination**. L'épreuve dure 1h30 et pour cette production écrite, vous avez droit au dictionnaire.

MÉTHODE

- **Lire** plusieurs fois le sujet et **surligner** les mots-clés.
- **Se poser des questions**. De quoi parler ? Comment en parler ?
- **Utiliser** un brouillon, jeter « en vrac » ses idées et **vérifier** que les premières idées correspondent bien au sujet.
- **Utiliser** les procédés d'écriture pour enrichir le récit.
- **Se relire** et prêter attention à la cohérence du récit (organisation, temps verbaux, situation d'énonciation…).
- **Réécrire** au propre lisiblement et avec soin.

Je m'entraine

Consignes d'écriture

- **Le narrateur** est intérieur à l'histoire et utilise la focalisation interne : vous devez donc utiliser le pronom « je » p. 33.
- Employez des **connecteurs logiques** pour montrer la progression logique du récit p. 98.

1. Choisissez une photographie de vous lorsque vous étiez enfant.

a. Décrivez la photo et racontez dans quelles circonstances elle a été prise (une fête d'anniversaire, un mariage, un Noël, des retrouvailles de famille…).

....

....

....

....

b. Décrivez vos sentiments et réactions aujourd'hui en la regardant p. 116.

Je me souviens ....

....

....

....

2. Autoévaluation. Évaluez-vous en complétant la grille ci-dessous.

Critères d'évaluation	😕	😐	😀
J'ai relu plusieurs fois le sujet.			
J'ai surligné les mots importants.			
J'ai décrit la photo et le contexte dans lequel elle a été prise.			
J'ai évoqué mes sentiments / émotions en décrivant la photo.			
J'ai utilisé la 1re personne du singulier.			
J'ai utilisé l'imparfait et le passé simple pour le récit au passé.			
J'ai utilisé le présent d'énonciation (= mes pensées au moment où j'écris).			
J'ai utilisé les procédés d'écriture de mise en valeur des sentiments : champs lexicaux, phrases complexes…			
J'ai utilisé des connecteurs logiques.			
J'ai vérifié l'orthographe lexicale.			
J'ai vérifié les accords dans le groupe nominal et dans le groupe verbal.			
J'ai employé différents types de discours (direct, indirect).			
J'ai utilisé différentes formes de discours (descriptif, narratif…).			

52 Écrire un portrait

Il s'agit de rédiger la description d'un personnage.

L'organisation du portrait

- **Les caractéristiques physiques :** allure, corps, traits du visage… Ils nous renseignent sur l'aspect extérieur du personnage.
- **Les critères psychiques, moraux :** sentiments, caractères, pensées…
- **Les critères sociaux :** métier, habitat, langage, appartenance à un milieu social…

Quelques adjectifs pour décrire

- L'expression du visage : gaie, triste, mélancolique, saisissante…
- Les cheveux : abondants, ondulés, bouclés, hirsutes…
- Le teint : pâle, blême, blafard, livide, frais, rose…
- Les yeux : sombres, clairs, écarquillés, égarés…
- Le nez : court, mince, long, saillant, crochu…

» p. 117

Fonctions

Un portrait mélioratif
(du latin *melior* : meilleur)
met en valeur le personnage décrit.

Un portrait péjoratif
(du latin *pejor* : pire)
donne une mauvaise image du personnage décrit.

Un portrait objectif
décrit le personnage tel qu'il est vraiment.

Un portrait subjectif
donne une réalité modifiée par le regard du narrateur.

MÉTHODE

- **Utiliser** des adjectifs qualificatifs.
- **Conjuguer** à l'imparfait ou au présent.
- **Employer** les expansions du nom » p. 54 : épithète, apposition, CDN et proposition subordonnée relative.
- **Utiliser** les champs lexicaux du corps et des émotions » p. 116.

Je m'entraîne

1. Faites le portrait de votre meilleur(e) ami(e).

a. Son portrait physique :

....

....

....

b. Son portrait moral :

....

....

....

....

2. Rédigez le portrait du personnage du tableau. Votre description doit comporter 2 paragraphes, être organisée, objective, et comporter au moins 5 mots issus des mots de la leçon p. 86.

Gustave Courbet, *Le Désespéré* (1845)

....

....

....

....

....

....

....

....

....

....

....

....

53 Écrire une description

Le texte descriptif permet d'imaginer un lieu ou un élément (personnage, animal, objet…) d'un récit.

Caractéristiques

- La description produit une **image claire** de l'élément concerné.

Description

objective	subjective
= neutre, sans sentiment ou émotion	= impression et ressenti de celui qui décrit
La voiture est bleue.	Cette magnifique voiture était d'un bleu superbe.

- Celui qui décrit est soit le **narrateur**, soit l'un des **personnages** qui regarde l'élément.
- Le passage descriptif est inséré dans un ensemble narratif ; c'est une **pause dans la narration**.

Le style

- Deux temps : le **présent** ou l'**imparfait**
- On utilise beaucoup les **expansions du nom** » p. 54 :
  - épithète une **gentille** voisine
  - CDN la voisine **de mon père**
  - relative J'entends la voisine **qui arrive**.
- La description est illustrée par des **comparaisons** et des **métaphores**.
  Il est grand comme une montagne. – un ruisseau de larmes
- **Vocabulaire spatial** (description du lieu où se trouve l'élément)
- **Verbes de position**, de **forme** et d'**intention** dominer, s'étendre – serpenter, entourer – écraser, se cacher
- **Détails sensoriels** : ce que l'on voit (lumière, couleurs), ce que l'on entend (cris, silence), ce que l'on sent (odeurs, parfums)

Quelques verbes pour décrire

- **Goût** (bouche) : goûter, déguster, savourer
- **Odorat** (nez) : sentir, humer, flairer
- **Ouïe** (oreilles) : entendre, écouter, ouïr
- **Toucher** (peau) : toucher, palper, tâter
- **Vue** (yeux) : voir, regarder, contempler

MÉTHODE

- **Choisir** un point de vue » p. 33.
- **Choisir** le vocabulaire en fonction du type de description (subjective : mélioratif, péjoratif / objective : neutre).
- **Organiser** le vocabulaire en champs lexicaux, autour d'un même thème.

Je m'entraîne

1. Vous vous promenez dans une forêt. Complétez le tableau ci-dessous en rédigeant des phrases pour décrire la forêt en suivant les consignes.

Éléments stylistiques	Description positive	Description négative
Deux expansions du nom	....	....
Une comparaison	....	....
Le champ lexical des animaux de la forêt	....	....
Le sens de la vue	....	....

2. Décrivez ce paysage en quelques lignes. Utilisez le champ lexical de la couleur et au moins une métaphore pour exprimer vos ressentis » p. 116.

Paul Signac, *Port-en-Bessin* (1884)

....

....

....

....

....

....

54 Écrire un poème

Le poème permet d'exprimer des sentiments et des émotions » p. 23.

La strophe

- Elle correspond à un **groupement de vers**.
- On distingue : le **distique** (deux vers), le **tercet** (trois vers), le **quatrain** (quatre vers), le **quintil** (cinq vers), le **sizain** (six vers), le **dizain** (dix vers).

Les rimes

- Elles sont **plates** (AABB), **embrassées** (ABBA) ou **croisées** (ABAB).
- Elles sont **féminines** (terminées par un « e muet ») ou **masculines** (terminées par un autre son).
- Elles sont **pauvres** (un seul son en commun uni(e) / vi(e)), **suffisantes** (deux sons en commun heureux / amoureux) ou **riches** (trois sons en commun rivages / esclavage).

Des formes fixes

- Le sonnet
- L'ode
- La ballade
- Le rondeau

Les vers

- Le **mètre d'un vers** dépend du nombre de syllabes : huit syllabes (octosyllabe), dix syllabes (décasyllabe), douze syllabes (**alexandrin**).
- En fin de mots, le « **e muet** » n'est prononcé que s'il est suivi d'une consonne (jamais compté en fin de vers).

Ma / jeu/nes/se / ne / fut / qu'un / té/né/breux / o/rage (Baudelaire) ➤ 12 syllabes

Hâ/tons/-nous/, jou/i/ssons ! (Lamartine) ➤ 6 syllabes

Des formes libres

- La fable
- Le poème en prose : ni rimes, ni vers
- Le poème en vers libres : pas de rimes et des vers de mètres différents
- Le calligramme

MÉTHODE

- **Respecter** un type de poème (vers, prose), un registre (lyrique, comique… » p. 28, et une mise en page (strophes, refrains, calligramme).
- **Se concentrer sur le sentiment** à exprimer (champs lexicaux).
- **Utiliser** les harmonies sonores : allitérations et assonances » p. 23.
- **Employer** des figures de style : anaphore, comparaisons, métaphores, chiasme… » p. 34.

Je m'entraîne

1. Lisez le poème suivant et répondez aux questions.

a. Précisez la forme des 4 premières rimes. ....

b. Combien de syllabes compte chaque vers ? ....

c. Comment s'appelle ce type de vers ? ....

d. Soulignez dans le poème une anaphore (en bleu), le champ lexical du temps qui passe (en vert) et une antithèse (en noir).

Maison de la naissance, ô nid, doux coin du monde !
Ô premier univers où nos pas ont tourné !
Chambre ou ciel, dont le cœur garde la mappemonde,
Au fond du temps je vois ton seuil abandonné.
Je m'en irais aveugle et sans guide à ta porte,
Toucher le berceau nu qui daigna me nourrir.
Si je deviens âgée et faible, qu'on m'y porte !
Je n'y pus vivre enfant, j'y voudrais bien mourir,
Marcher dans notre cour où croissait un peu d'herbe,
Où l'oiseau de nos toits descendait boire et puis,
Pour coucher ses enfants, becquetait l'humble gerbe,
Entre les cailloux bleus que mouillait le grand puits !

Marceline Desbordes-Valmore, « La Maison de ma mère », *Pauvres Fleurs* (1839)

2. Pour préparer l'écriture d'un poème sur le thème de l'amitié, complétez le tableau suivant.

Choix du type de poème	....
Nombre de strophes	....
Nombre de vers	....
Type de vers	....
Position des rimes	....
Qualité des rimes	....
Champs lexicaux	....

55 Écrire la suite d'un texte

Il s'agit de poursuivre l'écriture d'un texte en suivant les contraintes liées au texte de départ.

Les éléments à conserver

- **Le narrateur :** mêmes statut et point de vue ➔ p. 33
- **Le genre narratif** lettre, théâtre, autobiographie… ➔ p. 26
- **Le cadre spatio-temporel** (où et quand)
- **Le système des temps verbaux :** récit au présent ou au passé ➔ p. 72
- **Le style de l'auteur(e)** phrases simples / complexes ➔ p. 58, figures de style ➔ p. 34, ponctuation ➔ p. 55, niveau de langue ➔ p. 49 …

MÉTHODE

- **Bien relire** le texte initial et la consigne pour **comprendre** l'objectif et les caractéristiques du sujet.
  Rédigez la suite du texte proposé en insérant un passage descriptif et un dialogue.
- **Noter** les idées au brouillon :
  – Quels sont les personnages à reprendre ? leurs traits de caractère ?
  – Faut-il créer de nouveaux personnages ?
  – Quelles péripéties inventer ?
- **Construire le plan** du devoir en numérotant l'ordre des événements pour l'enchaînement logique.
- **Relire** d'une seule traite le texte initial et le vôtre pour vérifier le bon respect des caractéristiques du récit.

Je m'entraîne

a. Lisez le texte suivant puis complétez le tableau ci-dessous.

En 1942, le père Pons dirige un orphelinat nommé La Villa Jaune…

Lorsque j'avais dix ans, je faisais partie d'un groupe d'enfants que, tous les dimanches, on mettait aux enchères. On ne nous vendait pas : on nous demandait de défiler sur une estrade afin que nous trouvions preneur. Dans le public pouvaient se trouver aussi bien nos vrais parents enfin revenus de la guerre que des couples désireux de nous adopter. Tous les dimanches, je montais sur les planches en espérant être reconnu, sinon choisi. Tous les dimanches, sous le préau de la Villa Jaune, j'avais dix pas pour me faire voir, dix pas pour obtenir une famille, dix pas pour cesser d'être orphelin. Les premières enjambées ne me coûtaient guère tant l'impatience me propulsait sur le podium, mais je faiblissais à mi-parcours, et mes mollets arrachaient péniblement le dernier mètre. Au bout, comme au bout d'un plongeoir, m'attendait le vide. Un silence plus profond qu'un gouffre. De ces rangées de têtes, de ces chapeaux, crânes et chignons, une bouche devait s'ouvrir pour s'exclamer : « Mon fils ! » ou : « C'est lui ! C'est lui que je veux ! Je l'adopte ! »
Les orteils crispés, le corps tendu vers cet appel qui m'arracherait à l'abandon, je vérifiais que j'avais soigné mon apparence.

Éric-Emmanuel Schmitt, *L'Enfant de Noé* (2004) © Éditions Albin Michel

Contraintes à respecter	Éléments du texte
Le genre narratif	....
Le statut du narrateur	....
Le point de vue du narrateur	....
Les personnages	....
Le cadre spatio-temporel	....
Les temps verbaux	....
La narration	....
Le niveau de langue	....

b. Expliquez en trois phrases ce que vous pouvez imaginer comme suite de ce texte.

....

....

....

56 Écrire un dialogue

Un dialogue rapporte les propos des personnages, il reprend les caractéristiques du discours direct » p. 76**.**

Le dialogue

- **Présentation spécifique** pour chaque réplique d'un nouveau personnage : tiret, retour à la ligne, alinéa
- Présence de **guillemets** au début et à la fin des propos rapportés
- Utilisation de **verbes de parole** variés dire, s'exclamer, questionner
- Présence des **deux points** avant la prise de parole » p. 55

Passage narratif pour introduire le dialogue → Laëtitia arriva et dit : ← Deux points

« Bonjour les enfants. » ← Guillemets

Et les élèves répondirent :

Verbe de parole → (répondirent)

« Bonjour madame. »

Le style

- **Marques de l'oralité** : interjections, exclamations
- **Utiliser** la bonne tonalité : convaincre, émouvoir, informer
- Temps : **présent d'énonciation, passé composé** et **imparfait** » p. 68-69
- **Types de phrases variés** pour susciter l'émotion : exclamatif, injonctif…

Zoom Brevet **Le dialogue argumentatif** (sujet d'imagination » p. 102) doit persuader l'interlocuteur du bienfondé de la thèse défendue. Il faut donc inclure des arguments et des exemples pour et contre cette thèse.

MÉTHODE

- **Identifier** la situation d'énonciation : qui parle, à qui, de quoi, dans quel but.
- **Préparer** les passages narratifs autour du dialogue, avec trois possibilités :
  - Introduire le dialogue par un passage narratif et/ou descriptif.
  - Insérer le passage narratif dans le dialogue. dit-elle
  - Terminer par un court passage narratif. Surpris de cet aveu, il sortit.
- **Inventer** des paroles qui correspondent au caractère du personnage et à sa situation.

Je m'entraîne

1. Lisez ce texte et rétablissez les signes de ponctuation marquant les dialogues.

.... Comment Blanquette, tu veux me quitter ! ....

Et Blanquette répondit ....

.... Oui, monsieur Seguin.

..... Est-ce que l'herbe te manque ici ?

..... Oh ! non ! monsieur Seguin.

..... Tu es peut-être attachée de trop court, veux-tu que j'allonge la corde ?

..... Ce n'est pas la peine, monsieur Seguin. ....

Alphonse Daudet, « La Chèvre de monsieur Seguin », *Lettres de mon moulin* (1887)

2. Écrivez un dialogue de quelques répliques entre deux personnes qui débattent des avantages d'une nourriture saine.
Les répliques seront introduites par les verbes suivants :
nier • rétorquer • s'inquiéter • suggérer • s'écrier • renoncer.

....

....

....

....

....

....

....

....

....

....

....

....

....

....

....

57 Écrire une scène de théâtre

Le texte doit être très vivant car la scène est destinée à être jouée p. 22**.**

La mise en forme

Elle est très visuelle.

- Indiquer le **nom du personnage** avant la prise de parole.
- Aller **à la ligne** à chaque prise de parole.
- Ne pas utiliser de **guillemets**.

Les différents genres du théâtre

- **La comédie** tire ses sujets de la **vie quotidienne**. Son dénouement est **heureux.** *Le Médecin malgré lui* de Molière
- **La tragédie classique** met en scène des personnages qui tentent de faire face à la **fatalité** d'un destin qui les conduit le plus souvent à la mort ou au malheur. *Antigone* d'Anouilh
- **La tragi-comédie** est une forme mixte qui échappe aux règles de la tragédie classique par son **dénouement heureux.** *Le Cid* de Corneille

Vocabulaire

Comique de mots : jeux de mots, plaisanteries, langage déformé ou inventé
Comique de gestes : mouvements comiques
Comique de situation : présence de personnages qui n'auraient pas dû se rencontrer, personnage dans une situation particulièrement ridicule...
Comique de caractère : mise en valeur d'un trait de caractère (jalousie, avarice) ou d'une profession (les médecins)

MÉTHODE

- **Définir le but** de la scène. scène d'amour, d'aveu, de colère, de vengeance…
- **Exprimer des émotions fortes** qui s'intensifient ou s'apaisent tout au long de la scène.
- **Utiliser les types de phrases** marquant l'émotion : injonctif, interrogatif et exclamatif p. 56.
- **Varier la ponctuation** pour mettre en relief les propos des personnages p. 55.
- **Employer des interjections.** Ah ! Oh ! Fichtre !
- **Insérer des apartés** pour nouer une complicité avec les spectateurs et **des didascalies** (en italique) pour donner des indications sur le lieu, le décor, les costumes, les gestes, les déplacements, les émotions…

Je m'entraîne

1. Remplissez les encadrés avec le nom des éléments désignés par les flèches et les couleurs.

....

....

....

....

HARPAGON, *seul, criant au voleur dès le jardin, et venant sans chapeau.*
Au voleur ! au voleur ! à l'assassin ! au meurtrier ! Justice, juste ciel ! Je suis perdu, je suis assassiné ; on m'a coupé la gorge : on m'a dérobé mon argent. Qui peut-ce être ? Qu'est-il devenu ? Où est-il ? Où se cache-t-il ? Que ferai-je pour le trouver ? Où courir ? Où ne pas courir ? N'est-il point là ? n'est-il point ici ? Qui est-ce ? Arrête. *(À lui-même, se prenant par le bras.)* Rends-moi mon argent, coquin… Ah ! c'est moi ! Mon esprit est troublé, et j'ignore où je suis, qui je suis, et ce que je fais. Hélas ! mon pauvre argent !

Molière, *L'Avare* (1668), acte IV, scène 7

2. Transposez ce récit en scène de théâtre.

Un homme au manteau noir, accompagné de sa femme et de ses deux enfants arrive à la billetterie d'un théâtre. Il demande à la caissière quatre places dont deux à demi-tarif pour ses enfants. La caissière demande leur âge. L'homme affirme qu'ils ont moins de dix ans. La caissière s'étonne ; les deux enfants lui semblent plus grands. L'homme s'en va, en criant qu'il ne remettra plus jamais les pieds dans ce théâtre.

....

....

....

....

....

....

....

....

....

58

Structurer son texte avec des connecteurs

Les connecteurs spatiaux
Ils indiquent l'espace, le **lieu**. ici, là, devant, derrière, loin, près…

Les connecteurs temporels
Ils marquent la **chronologie**. encore, parfois, soudain, longtemps, pendant…

Les connecteurs logiques
Ils établissent un **rapport logique**.
- **L'addition** à côté de cela, de plus, en outre…
- **La progression** d'abord, premièrement, ensuite…
- **L'opposition et la concession** au contraire, or, mais, cependant…
- **La cause** car, en raison de, à cause de…
- **La conséquence** par conséquent, c'est pourquoi, alors, ainsi, donc…
- **Le but** pour, afin de, en vue de…
- **L'hypothèse, la condition** si, à condition de…
- **La comparaison** comme, tel que…

Je m'entraîne

1. Complétez les phrases suivantes afin d'exprimer la relation logique entre parenthèses.

a. .... il a oublié son cahier à la maison, l'élève a été mis en retenue. *(cause)*

b. .... ses résolutions, je doute qu'il parvienne à la sagesse. *(opposition)*

c. Je t'achèterai ce jouet .... tu es sage. *(condition)*

d. Ton ordinateur est lent et ancien .... tu ne peux pas terminer ton travail à temps. *(conséquence)*

2. Reliez les propositions avec un connecteur logique, en réfléchissant bien au sens de la phrase.

a. Le sorcier était très beau, ... il était aussi très méchant.

b. Ses parents sont très fiers .... il a eu son examen.

c. Il pleut, ... je prends mon parapluie.

d. Tu es fatiguée, ... tu ne peux plus conduire.

59 Éviter les répétitions

Il existe différentes façons d'éviter les répétitions pour varier les phrases.

Les reprises nominales

Remplacer un nom ou un GN par…

Le même nom avec un déterminant différent
Amir a rencontré **une fille**.
Cette fille est géniale !

Un terme générique
L'ours blanc est en voie de disparition.
Il faut protéger **ce mammifère**.

Un synonyme
Cette **actrice** est géniale !
Cette **artiste** est reconnue dans le monde entier.

Une périphrase
Paris est une ville magnifique.
La capitale de la France est lumineuse.

Un mot de la même famille
Radia **s'est investie** dans son travail.
Cet investissement porte ses fruits.

Les reprises pronominales

= remplacer un nom ou un GN par un **pronom** :

- **personnel** il, eux, elles, vous…
- **possessif** le sien, le leur…
- **démonstratif** celle-ci, celui-là…
- **indéfini** tous, on, certaines…
- **relatif** que, qui…

Quelques verbes à retenir

Pour éviter de répéter un verbe, on peut le remplacer par un autre.

- **avoir** : comporter, éprouver, obtenir, posséder, recevoir, ressentir…
- **dire** : affirmer, annoncer, confier, expliquer, prétendre, raconter…
- **être** : apparaître, devenir, exister, rester, sembler…
- **faire** : construire, créer, entreprendre, émettre, fabriquer, réaliser…
- **il y a** : se dresse, se trouve ; on devine, on remarque…

Je m'entraîne

Soulignez les reprises nominales et pronominales et identifiez-les.

Exemple : J'ai acheté une nouvelle voiture, <u>ce véhicule</u> est magnifique.
= terme générique

a. Zoé aime l'anglais, la langue de Shakespeare lui semble douce. ....

b. Mon chien m'est très précieux. Les chiens sont fidèles. ....

c. Un bébé pleure. Il a faim. ....

d. Les élèves arrivent. La plupart prennent le bus. ....

e. Regarde tous les livres que j'ai achetés. ....

60 Écrire un paragraphe argumenté

Rédiger un paragraphe argumenté c'est prendre position sur un thème précis en défendant une thèse.

Le paragraphe argumenté

Le paragraphe est constitué d'**arguments** développés et d'**exemples** qui les illustrent » p. 24.

Structure

Présentation de l'argument : phrase introductrice qui révèle la thèse soutenue. Ici, la première phrase présente la thèse et la deuxième la nuance.

Dans notre société, le numérique occupe une place très importante. N'est-ce pas une menace pour notre planète ?

Explication de l'argument : plusieurs phrases développent l'argument énoncé.

Les activités numériques sont néfastes pour la planète. L'utilisation des technologies numériques représente à elle seule plus de 10 % de la consommation mondiale d'électricité. Cette consommation électrique provoque d'importantes émissions de gaz à effet de serre (GES), responsable du réchauffement climatique.

Illustration de l'argument : un exemple développe l'explication de l'argument et la rend convaincante.

Ainsi, le seul envoi d'e-mails d'une entreprise de 100 personnes émet chaque année autant de gaz à effet de serre que 14 allers-retours Paris – New York, soit l'équivalent de 13,6 tonnes de CO_2.

Conclusion de l'argument : une phrase qui réaffirme la thèse soutenue dans la phrase introductive.

Il faut donc que les gens prennent conscience des conséquences réelles de leur usage du numérique et de ses impacts environnementaux.

MÉTHODE

- **Commencer** par un alinéa (disposition en retrait) à chaque paragraphe.
- **Bien cerner** la prise de position pour éviter le hors-sujet.
- **Utiliser** des expressions affirmant l'opinion. Il me semble évident… Il est certain…
- **Employer des connecteurs logiques** qui mettent en évidence les liens entre argument et exemple » p. 98. ainsi, en effet, de fait…
- **Tirer les exemples** de son expérience personnelle, du contenu des cours ou de ses lectures.

Je m'entraine

1. Complétez le tableau suivant pour traiter ce sujet :
« Les inconvénients d'habiter dans une grande ville. »

Argument	Explications	Exemple
....	....	....
....	....	....
....	....	....
....	....	....
....	....	....

2. À l'aide des éléments du tableau ci-dessous, rédigez un paragraphe sur cette thèse : « La ville est source d'épanouissement pour ses habitants. » Vous devez utiliser les connecteurs : il semble évident • tout d'abord • par exemple • de même • ainsi • par conséquent.

Argument	Explications	Exemple
La ville est source de bonheur et d'épanouissement pour les habitants.	Les activités culturelles proposées sont variées et les infrastructures sportives sont nombreuses.	Je peux pratiquer le volley-ball près de chez moi.

....
....
....
....
....
....
....
....
....
....
....
....
....
....

61 Réussir le sujet d'imagination

Il s'agit d'inventer un texte, tout en respectant les consignes du sujet.

Zoom Brevet L'épreuve de production écrite dure 1h30 et propose le choix entre deux sujets : imagination ou réflexion » p. 104.

Caractéristiques

- **Le contenu** est imposé par le sujet : suite de texte, dialogue entre deux des personnages, analyse des sentiments du héros ou de l'héroïne…
- **La forme** du texte inventé est également imposée par le sujet.

Rédigez la suite immédiate du texte.
Rédigez une lettre pour raconter ce qui vient de se passer.
Imaginez un dialogue pour raconter l'événement.
Racontez cette scène en utilisant le point de vue interne.

Quelques formes de texte

- lettre » p. 82
- suite de texte » p. 92
- dialogue argumentatif » p. 94, 100
- nouvelle
- article de presse

Analyser le sujet

- Le **lire plusieurs fois**, en entier.
- **Souligner les mots-clés** qui précisent les modalités du devoir (contenu, thème et forme).
- Réfléchir aux **notions du cours** (la séquence et sa problématique, la forme du texte demandée). Parfois un texte support est proposé.

La structure du devoir

- **Une introduction** (sauf s'il s'agit d'une suite de texte) :
  - dans un récit, préciser le cadre spatio-temporel et les personnages.
  - dans une lettre, utiliser les codes et préciser le motif du message » p. 82.
  - dans un article de journal, donner un titre.
- **Un développement en plusieurs paragraphes** : regrouper les idées du brouillon et les organiser avec des connecteurs pour avoir un enchaînement cohérent » p. 98.
- **Une conclusion**, différente suivant le sujet : donner son avis personnel, annoncer le futur, faire le point sur une situation…

Une mise en page qui montre la cohérence du devoir

- **Alinéa** à chaque nouveau paragraphe.
- **Sauts de lignes** entre l'introduction, le développement – et entre chacune des parties du développement – et la conclusion.

MÉTHODE

- **Analyser le sujet** :
  - Repérer la forme demandée.
  - Identifier le contenu à produire.
- **Noter ses idées au brouillon** » p. 113 :
  - Ne pas rédiger entièrement le devoir.
  - Écrire ses idées personnelles.

Forme du texte = article de journal

Contenu = le clonage, les dangers du clonage, utilisation des arguments du débat

Vous êtes journaliste et vous rédigez un article sur les dangers du clonage humain. Prenez appui sur le débat fait en classe : « Le progrès scientifique : bienfaits ou méfaits ? »

Les idées empruntées au cours : la dérive éthique, la notion d'humanité
Mes idées personnelles : les risques médicaux, les problèmes de surpopulation et de famine, se croire immortel

Je m'entraîne

Construisez le plan du sujet donné ci-dessus.

a. Donnez un titre à l'article : ....

b. Précisez l'intention de vos parties (développement) :

....

....

....

....

....

....

....

....

c. Notez des idées pour votre conclusion : ....

....

....

....

62 Réussir le sujet de réflexion

Il s'agit d'écrire un texte argumentatif qui expose vos idées sur le thème proposé à l'aide de paragraphes argumentés » p. 100.

L'analyse du sujet

- Souligner les **mots-clés**.
- Repérer le **type de question** et en déduire le **type de plan**.

Doit-on avoir peur des progrès scientifiques ?
→ **Question fermée** (réponse par oui/non)
→ **Plan dialectique** : avantages/inconvénients, pour/contre

Dans quelle mesure le metteur en scène influence-t-il le regard du spectateur ?
Que pensez-vous de la lecture ?
→ **Question ouverte**
→ **Plan analytique** : définition, causes, conséquences
→ **Plan thématique** : thème 1, thème 2, thème 3

La structure du devoir

- **Une introduction en 3 étapes** :
  - **Amorce** du sujet par une phrase d'accroche
  - **Reformulation** du sujet (la problématique)
  - **Annonce** du plan
- **Un développement en 2 ou 3 parties**
  - **Une partie** est constituée de 2 ou 3 paragraphes.
  - **Un paragraphe** contient un **argument** développé et un **exemple** qui l'illustre.
  - Un paragraphe est relié à un autre par un **connecteur logique** » p. 98.
- **Une conclusion en 2 étapes** :
  - **Synthèse** du développement en deux ou trois phrases
  - **Ouverture / élargissement** de la réflexion

La problématique

Reformulation du sujet sous forme de questions

MÉTHODE

- **Noter** les idées au brouillon sans faire de phrase.
- **Faire un tableau** pour organiser les arguments et les exemples.
- **Organiser** le plan du développement en choisissant le plan le plus adapté à la question du sujet.

Je m'entraîne

Lisez le sujet suivant et répondez aux questions.

« Pensez-vous que la littérature permet uniquement de raconter des histoires ou que son rôle est aussi de témoigner de l'Histoire ? Vous présenterez votre réflexion dans un développement argumenté et organisé. »

a. S'agit-il d'une question ouverte ou fermée ? ....

b. Quel est le thème du sujet ? ....

c. En vous appuyant sur votre réponse à la question **a**, précisez le type de plan que vous allez adopter. ....

d. Quels vont être les deux aspects du thème à confronter (et donc les deux parties du développement) ? ....

e. Complétez le tableau suivant pour organiser votre réflexion au brouillon.

	Arguments	Exemples
Partie 1 :	....	....
	....	....
	....	....
Partie 2 :	....	....
	....	....
	....	....

63 Améliorer son équilibre de vie

Prendre soin de son corps permet au cerveau de mieux fonctionner et donc de faciliter les apprentissages.

Un bon sommeil

- Bien dormir la nuit permet au cerveau de **réorganiser les informations** reçues dans la journée.
- Pour **faciliter l'endormissement**, il est préférable de se coucher à heure fixe et de privilégier des activités calmes (lecture) plutôt qu'excitantes (sport, jeux vidéo…) avant de se coucher.
- À l'adolescence, il est recommandé de dormir au moins **8 à 9 heures par nuit**.

Une alimentation saine

- **Un petit déjeuner** complet apporte l'énergie nécessaire à la matinée.

Petit déjeuner complet
- un produit laitier : lait, yaourt, fromage
- un produit céréalier : pain, céréales
- un fruit : jus de fruits, fruit frais

- **Boire régulièrement de l'eau** permet une meilleure concentration car le cerveau est composé à 82 % d'eau.
- Le temps du repas est aussi l'occasion d'une **pause**.
  Discussion avec ses amis, sa famille…

Vous pouvez boire dans une bouteille réutilisable ; c'est bon pour la planète !

Des loisirs

- Il est recommandé de **bouger tous les jours** au moins 45 minutes (escaliers, marche…) et de pratiquer un **sport** au moins une fois par semaine.
- Exercer une activité extrascolaire permet de **décompresser** et de s'aérer l'esprit.

Pensez à vous renseigner sur les activités proposées dans votre collège (musique, théâtre, dessin, club d'astronomie…).

64 Organiser son travail à la maison

Une bonne organisation fait gagner du temps et rend le travail plus efficace.

Avant de commencer

- **S'organiser un espace de travail** agréable en s'isolant autant que possible du bruit et des écrans.
- **Établir la liste du travail à faire** en vérifiant l'agenda et/ou le cahier de textes numérique.
- Veiller à avoir à disposition **tout le matériel nécessaire**. matériel de géométrie, dictionnaire, cahier, manuel…

Pendant le travail personnel

- **Trier les devoirs** : commencer par le plus difficile, le plus urgent et ce qui peut vous demander du temps (exposé, rédaction…).
- **Apprendre la leçon** avant de faire les exercices.
- **Répartir le temps de travail** par matière (faire un planning).
- **Faire des pauses** (toutes les 50 minutes, se détendre 10 minutes) et se replonger rapidement dans le travail après la pause.
- **Solliciter de l'aide** en cas de besoin (fratrie, parents, amis).

Le secret de la réussite : s'avancer

- **Le week-end** : les devoirs du lundi, mardi et mercredi
- **Le mercredi après-midi** : les devoirs du jeudi et du vendredi

Après le travail personnel

- **Relire** le travail fait et vérifier les éventuelles erreurs.
- **S'assurer** qu'aucun devoir n'a été oublié.
- **Vérifier** qu'il ne manque rien dans sa trousse (colle, stylo…) et faire son sac pour le lendemain.

Attention

Tout est question de **dosage**. Ne bâclez pas votre travail pour aller plus vite, et à l'inverse, ne passez pas trop de temps sur vos devoirs (votre cerveau a besoin de repos !).

65 Apprendre de ses erreurs

Une erreur est une expérience et non un échec !
Elle fait partie de l'apprentissage et permet de progresser.

En classe

- Ne pas s'attarder sur la note, mais regarder plutôt quelles **compétences** ont été acquises.
- **Garder sa copie** pour la retravailler à la maison.
- Noter scrupuleusement la **correction** faite en classe.

À la maison

- **Relire sa copie**, à tête reposée.
- Porter son attention sur les **annotations en marge** et l'**appréciation générale** du devoir.
- **Analyser les erreurs** dans le devoir pour comprendre leur origine.
  Manque d'apprentissage de la leçon ? Énoncé non compris ? Confusion entre plusieurs notions ? Manque de précision dans les réponses ?
- Bien **revoir la leçon**.
- **Refaire l'évaluation** dans les mêmes conditions et comparer ensuite avec le corrigé.
- Si la même erreur se reproduit plusieurs fois, ne pas hésiter à **demander une explication** à l'enseignant(e) ou à solliciter de l'aide (fratrie, parents, amis…).

MÉTHODE

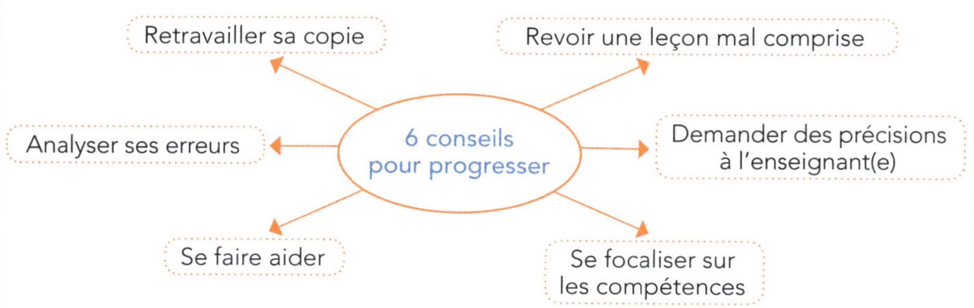

66 Utiliser un dictionnaire

Le dictionnaire

- Le dictionnaire est un **ouvrage de référence** contenant un ensemble des mots d'une langue ou d'un domaine d'activité. Ces mots sont généralement présentés par **ordre alphabétique**. Larousse, Le Robert…
- Il fournit pour chacun une **définition**, une explication ou une correspondance. dictionnaire des synonymes, dictionnaire anglais-français…

Prononciation du mot | Classe grammaticale et genre du mot | 1er sens du mot | Exemple en italique | Autres sens du mot | Étymologie du mot (son origine)

QUARTIER [kartje] n. m. **I 1.** Portion d'environ un quart. *Un quartier de pomme.* […] **2.** L'une des phases de la Lune où une partie du disque est éclairée. *Premier, dernier quartier.* **II 1.** Partie d'une ville ayant une certaine unité. *Les beaux quartiers.* […] **2.** au plur. (dans des loc.) Cantonnement. *Quartiers d'hiver.* […] ÉTYM. de *quart*.

Le Robert collège 11-15 ans © Dictionnaires Le Robert

Fonctions

- Connaître **le sens** d'un mot
- Vérifier **l'orthographe** d'un mot
- Trouver des **synonymes** et antonymes
- Consulter les tableaux de **conjugaison**

pix Mener une recherche

▸ Cherchez en ligne, à l'aide de larousse.fr, la définition du mot « transporter » dans la phrase suivante : « Il est transporté de joie. »

hatier-clic.fr/21carf08

MÉTHODE

- **Chercher** les mots grâce à l'ordre alphabétique. Lorsque deux mots commencent par la même lettre, on se sert de la 2e, de la 3e, voire de la 4e lettre pour les repérer.
- **Utiliser** les mots repères en haut de chaque page pour affiner sa recherche et gagner du temps. PULPE – PUR
- **Repérer** la bonne définition en fonction du thème de travail ou du contexte, en tenant compte des exemples donnés.

67

Apprendre une leçon

Une leçon, c'est ce qu'il faut retenir dans une matière. Elle résume l'essentiel de ce qui a été étudié.

Les trois types de mémoire

Pour retenir une trace écrite, différentes méthodes existent.

La mémoire auditive

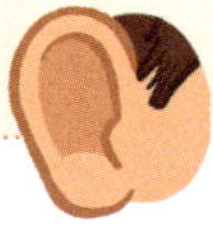

Qui est concerné ?

- Quelqu'un qui est **plus sensible à ce qu'il entend** et qui apprend mieux en utilisant ses yeux et ses **oreilles** ensemble.

Comment bien apprendre ?

- Faire une **image** dans sa tête de ce que l'on étudie et parler de ce que l'on voit.
- Lire ses notes à **voix haute**.
- **Enregistrer** ses notes, puis les écouter tout en les lisant.
- **Demander à quelqu'un de lire** ses notes.

La mémoire visuelle

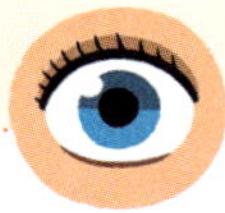

Qui est concerné ?

- Quelqu'un qui est **plus sensible à ce qu'il voit** et qui apprend mieux en utilisant ses **yeux** et ses oreilles ensemble.

Comment bien apprendre ?

- **Pointer du doigt** chaque mot, **tracer** les lettres, écrire des mots dans les airs.
- Utiliser des **graphiques**, des **cartes mentales**…
- Écrire des **phrases courtes**, les idées principales, associer des **dessins**.
- Associer des **mots-clés** à des concepts, une **image** à un mot…

La mémoire kinesthésique

Qui est concerné ?

- Quelqu'un qui apprend mieux en étant impliqué dans un **mouvement**.

Comment bien apprendre ?

- Apprendre en marchant, **en gesticulant**.
- Trouver des **objets** pour représenter ce sur quoi on réfléchit.
- **Écrire** les mots-clés **plusieurs fois** afin que la main, le bras et l'épaule soient aussi habitués à ce qui est étudié.

Avant l'apprentissage de la leçon

- **Écouter** attentivement le cours et **participer** en posant des questions et en répondant à celles de l'enseignant(e).
- Faire **attention à l'orthographe** des mots : en particulier en langues vivantes étrangères et en français car certaines leçons seront à restituer par écrit.
  Vocabulaire, conjugaison, carte, schémas…

Pendant l'apprentissage de la leçon

- **Étudier** les leçons de la journée **le soir** puis **les revoir la veille** au soir de chaque cours.
  J'ai SVT le lundi et le vendredi.
  ➤ le lundi soir, je revois la leçon de SVT du jour, puis, le jeudi soir, je la réétudie.
- Préférer une **pièce calme** (sans télé, ni radio, ni jeux vidéo, etc.).
- **Relire la leçon plusieurs fois** (à voix haute ou basse).
- **Faire une fiche de révision** ou une **carte mentale** avec les titres, le plan et les mots importants, sans oublier les définitions.
- **Relire les cartes et les schémas** remplis sur le cahier.

Les jours suivants

- **Relire** la fiche de révision ou la carte mentale et **réciter** la leçon cahier ou classeur fermé.
- **Conserver toutes les fiches par matière** pour les évaluations de fin de séquence.

Attention

Lorsque la leçon est à apprendre **par cœur**, il faut qu'elle soit apprise mot à mot. Quand ce n'est pas précisé, le **mot à mot** n'est pas exigé (vous pouvez expliquer la notion avec vos propres mots, à condition de ne pas faire de contresens !).

MÉTHODE

Des conseils pour bien apprendre

- Rechercher les mots de vocabulaire difficiles
- Souligner en couleur les titres, les sous-titres, les mots-clés
- Se faire interroger par ses parents ou un autre adulte
- Réfléchir aux questions que l'enseignant(e) peut poser
- Réaliser un schéma ou un tableau qui résume la leçon

68 Comprendre une consigne

Une consigne est une phrase qui dit ce qu'il faut faire.

Les types de consigne

Consigne simple
↓
Un seul verbe
= une seule action
↓
Soulignez les verbes du texte.

Consigne multiple
↓
Plusieurs verbes
= plusieurs actions
↓
Soulignez les verbes et **encadrez** leur sujet.

Énoncé
↓
Données et éléments à prendre en compte
↓
Relevez les adjectifs qualificatifs dans le chapitre 3.

Les éléments d'une consigne

- Une consigne peut contenir des **mots interrogatifs** (Qui ? Quand ? Comment ?), un ou plusieurs **verbes** (une action par verbe) et des **compléments** qui précisent la consigne.

Écoutez le texte. Quelles hypothèses pouvez-vous formuler ?
Complétez le tableau ci-dessous.

Les différentes actions demandées

Classement	*classez, triez, hiérarchisez*
Observation	*observez, étudiez, décrivez, recopiez*
Repérage	*repérez, soulignez, identifiez, entourez, encadrez*
Explication	*justifiez, analysez, démontrez, expliquez*
Création	*produisez, créez, réalisez, imaginez*
Remplacement	*substituez, reformulez, réécrivez*
Simplification	*résumez, simplifiez, schématisez*
Restitution	*récitez, définissez, nommez, restituez, citez*

MÉTHODE

- **Relire** plusieurs fois la consigne.
- **Encadrer** les verbes. souligner, classer, expliquer
- **Reformuler** la consigne pour en vérifier la compréhension.
- **Se munir des outils** nécessaires. texte, règle, stylo, dictionnaire, manuel…
- **Souligner** les mots importants de l'énoncé.

Lisez l'extrait de l'acte I, scène 1 du *Médecin malgré lui* de Molière pages 132 et 133 de votre manuel, puis, relevez les didascalies et recopiez-les dans votre cahier.

69 Utiliser un brouillon

Utiliser un brouillon permet de gagner du temps.

Fonctions du brouillon

- **Réfléchir**
- **Prendre du recul** par rapport à la réponse spontanée
- **Être plus rapide** et plus efficace
- **Construire** une réponse
- **Se relire** et se corriger
- **Améliorer** la rédaction

L'origine du mot

Brouillon vient du germanique *brod* : aliments qui cuisent longtemps (**bouillon**). Il désigne un premier travail « brouillé », destiné à être recopié et mis au propre, puis le papier destiné à cette ébauche.

Les formes de brouillon

Le brouillon

Il permet de traduire les étapes de la construction intellectuelle sans tout rédiger.

- Vous pouvez **relier, lister, barrer**, comparer, faire des schémas, des tableaux.
- Utilisez des **tirets**, des **abréviations**, des **symboles**, des couleurs différentes.
- Mettez des **bulles** autour des idées et numérotez-les.

La carte mentale

Elle permet d'organiser ses idées et ses exemples de façon simple et d'aller à l'essentiel en ayant un plan clair sur une seule page.

- Placez les **dates**, les **lieux**, les **événements**, les **notions**, les **personnages**, les **mots-clés** et les liens entre eux…
- Insistez sur l'**aspect visuel et créatif** de la carte en utilisant de la couleur, des dessins, des symboles, des drapeaux…

70 Créer un carnet de lecture

C'est un cahier dans lequel vous ferez une fiche de lecture pour chacune des œuvres lues (pour la classe ou lectures personnelles). Le but est de se forger une culture littéraire pour l'entrée au lycée.

Avant la lecture : présenter l'œuvre

- Indiquer le nom de l'auteur(e), le **titre** du livre, l'éditeur et la date de première parution.
- Indiquer le nombre de **chapitres**, de parties.
- Présenter l'**auteur(e)**, sa nationalité, son époque et faire une courte **biographie** en donnant des renseignements importants sur sa vie.
- Indiquer ses **œuvres** les plus célèbres et le **contexte** dans lequel l'œuvre a été écrite.

Quelques supports de carnet de lecture

- Un cahier petit ou grand format
- Un classeur
- Un carnet d'écriture sous forme papier ou numérique

Pendant la lecture

- Faire le **résumé** complet de l'histoire en 15 à 20 lignes.
- Préciser les **lieux**, l'**époque**, la durée de l'histoire.
- Présenter le statut et le point de vue du **narrateur** ou de la narratrice ➔ p. 33.
- Établir la liste des **personnages** en distinguant personnages principaux et secondaires.
- Réaliser le **schéma actanciel** (simplifié : le héros ou l'héroïne, sa quête, ses adjuvants et ses opposants ➔ p. 20) si l'œuvre s'y prête.
- Réaliser le **schéma narratif** ➔ p. 18.
- Faire en quelques lignes le **portrait du héros ou de l'héroïne** et de certains personnages intéressants ➔ p. 86.
- Identifier le **style** et le **ton** de l'ouvrage.
- Repérer les **temps verbaux**.
- **Noter des pages** ou copier des phrases caractéristiques.
- Identifier les **thèmes** en cherchant à comprendre **l'objectif** de l'auteur(e).

Après la lecture : écrire son avis personnel

- Déterminer ce qui vous a le plus intéressé.
- Exprimer votre **ressenti** sur cette lecture.
- **Réfléchir** aux situations et aux personnages.
- **Établir des liens** avec d'autres œuvres, d'autres arts.

Quelques idées pour personnaliser son carnet de lecture

Faire des **schémas**

Utiliser des **cartes mentales**

Reproduire la **1re de couverture**

Dessiner les personnages principaux

Coller des illustrations en rapport avec les lieux, les actions…

Écrire une **lettre à l'auteur(e)**

Écrire une **lettre à l'un des personnages** pour lui donner des conseils

Écrire une nouvelle aventure du personnage principal

Écrire des **acrostiches** avec les prénoms des personnages

Écrire une **interview imaginaire** de l'un des personnages

Rédiger un **avis de lecture** pour conseiller ou non ce livre

Faire un **abécédaire** du livre (10 mots à justifier)

Écrire **une suite**

Noter des citations ou des passages qu'on a particulièrement aimés

Boîte à outils de vocabulaire

Les principaux connecteurs logiques

But	afin que, de façon à ce que, de peur que, en vue de, pour (que)
Cause	attendu que, car, comme, dans la mesure où, du fait que, effectivement, en effet, en raison de, étant donné que, eu égard à, puisque, vu que
Comparaison	ainsi que, comme, de la même façon que, de même que, (non) moins que, selon que, semblablement, si... que
Conclusion	ainsi, bref, donc, en conclusion, en définitive, en résumé, en somme, enfin, finalement, par conséquent, pour conclure
Conséquence	ainsi, aussi, c'est pourquoi, d'où, de façon que, de manière que, de sorte que, donc, en conséquence, par conséquent, si bien que

Vocabulaire des émotions et des sentiments

	Verbes	Noms	Adjectifs
Amour	adorer, aimer, chérir, être fou/folle (de), raffoler, vénérer	affection, attachement, attirance, passion, tendresse	amoureux/se, épris(e) (de), passionné(e)
Colère	s'emporter, s'énerver, se fâcher, s'indigner, se mettre en colère	agacement, énervement, irritation, mécontentement, rage	énervé(e), exaspéré(e), fâché(e), furieux/se, indigné(e), irrité(e)
Espoir	aspirer, désirer, espérer, souhaiter	confiance, espérance, foi	confiant(e), optimiste
Joie	rayonner de joie, rire, se réjouir, s'illuminer de joie, sourire	allégresse, bonheur, euphorie, félicité, gaieté, satisfaction	content(e), enchanté(e), gai(e), heureux/se, joyeux/se, radieux/se, ravi(e), rayonnant(e), satisfait(e)
Peur	appréhender, avoir peur, craindre, redouter ; être terrorisé(e) / terrifié(e)	appréhension, crainte, inquiétude, préoccupation, stress, trac	craintif/ve, inquiet/ète, peureux/se, préoccupé(e), soucieux/se, stressé(e)
Tristesse	attrister, déplorer, gémir, pleurer, regretter, sangloter, se lamenter	affliction, chagrin, douleur, nostalgie, peine, regret, tourment	abattu(e), affligé(e), chagriné(e), désespéré(e), inconsolable, nostalgique, peiné(e), triste

Vocabulaire des sens

	Verbes	Noms	Adjectifs
L'ouïe	auditionner, ausculter, écouter, entendre, ouïr, percevoir, prêter l'oreille, tendre l'oreille	brouhaha, bruit, gémissement, grincement, grognement, hurlement, plainte, roulement, rumeur, voix	affaibli(e), aigu/uë, étouffé(e), grave, prolongé(e), régulier/ère, sec/èche, strident(e), vibrant(e), violent(e)
Le goût	avaler, boire, déguster, dévorer, croquer, goûter, ingurgiter, manger, savourer, se délecter, se rassasier, siroter	arôme, bouffée, fumet, nectar, piquant, saveur	âcre, aigre, amer/ère, délicat(e), délicieux/se, gustatif/ve, poivré(e), savoureux/se, suave, succulent(e), sucré(e)
L'odorat	aspirer, dégager, empester, empuantir, exhaler, flairer, fleurer, humer, parfumer, renifler, respirer, sentir	bouquet, émanation, exhalaison, flagrance, infection, odeur, parfum, pestilence, puanteur, relent, senteur	aromatique, douceâtre, écœurant(e), épicé(e), exquis(e), fade, pestilentiel(le), piquant(e), suffocant(e)
Le toucher	appuyer, câliner, caresser, chatouiller, cogner, enlacer, frotter, heurter, palper, pétrir, saisir, toucher	caresse, chatouillement, choc, contact, coup, effleurement, gifle, moiteur, tact	collant(e), doux/ce, dur(e), ferme, lisse, mou/molle, piquant(e), rêche, rugueux/se, tiède
La vue	admirer, constater, contempler, dévisager, épier, examiner, guetter, observer, regarder, remarquer, voir	apparition, aspect, couleur, image, lumière, obscurité, optique, regard, vision	apparent(e), beau/belle, charmant(e), fin(e), laid(e), perceptible, visible

Des adjectifs pour décrire

L'expression du visage	antipathique, éveillée, fermée, gaie, mélancolique, ouverte, sympathique, triste
Les cheveux	abondants, bouclés, clairsemés, crépus, épais, fournis, frisés, hérissés, hirsutes, ondulés, plats
Le teint	blafard, blême, cireux, clair, coloré, éclatant, frais, jaunâtre, livide, lumineux, pâle, rose, rougeaud, terreux
Les yeux	allongés, bridés, bruns, clairs, écarquillés, égarés, étirés, globuleux, noirs, ronds, saillants, sombres
Le nez	allongé, aplati, aquilin, court, crochu, écrasé, long, mince, retroussé, saillant
Les narines	dilatées, épatées

Glossaire

A

Accumulation : énumération de termes de même classe grammaticale ➤ p. 35

Alinéa : disposition en retrait du texte ➤ p. 30, 100, 102

Allitération : répétition d'un son consonne ➤ p. 23

Analepse : retour sur un événement antérieur au récit en cours ➤ p. 10

Anaphore : répétition d'un même mot ou groupe de mots en début de vers ou de phrase ➤ p. 35

Antiphrase : expression du contraire de ce que l'on pense ➤ p. 34

Antithèse (argumentation) : point de vue opposé à la thèse ➤ p. 24

Antithèse (figure de style) : association de deux termes contraires dans une même phrase ➤ p. 34

Antonyme : mot de sens contraire ➤ p. 46

Aparté : paroles d'un personnage qui ne sont pas censées être entendues par les autres personnages ➤ p. 22

Argument : raisonnement, preuve destinée à appuyer une affirmation ➤ p. 15, 24, 100, 104

Argumentation : ensemble de procédés pour convaincre (par la raison) ou persuader (par les sentiments) ➤ p. 24

Assonance : répétition d'un même son voyelle ➤ p. 23

Auditoire : personnes qui écoutent l'orateur ➤ p. 6

Autobiographie : récit que quelqu'un fait de sa propre vie ➤ p. 19, 26

B, C

Ballade : trois strophes qui se terminent par un refrain d'un vers ➤ p. 90

Cadre spatio-temporel : lieu et temps dans lesquels s'inscrit la narration ➤ p. 10, 18, 21, 32, 92, 102

Calligramme : poème en forme de dessin ➤ p. 23, 90

Césure : pause après une syllabe accentuée ou un signe de ponctuation (poésie) ➤ p. 23

Champ lexical : ensemble de mots se rapportant à un même thème ➤ p. 46

Champ sémantique : ensemble des sens d'un mot ➤ p. 46

Chiasme : termes syntaxiquement identiques disposés en AB/BA et en opposition de sens ➤ p. 34

Comédie : pièce dans laquelle des personnages vivent des situations comiques ➤ p. 22, 27, 96

Comparaison : comparé et comparant rapprochés par un outil grammatical ➤ p. 34

Concordance des temps : relation entre le temps de la proposition principale et le temps des subordonnées ➤ p. 77

Connecteur : mot-outil qui sert à organiser un texte (connecteurs logiques, spatiaux et temporels) ➤ p. 24, 25, 30, 84, 98, 100, 102,116

Connotation : ensemble des sens seconds, subjectifs d'un mot ou d'une expression ➤ p. 46

Conte : récit court de faits imaginaires ➤ p. 10, 18, 20, 26

D

Dénotation : sens premier et concret d'un mot ou d'une expression ➔ p. 46

Destinataire : personne à qui est destiné un message ➔ p. 20, 82

Dialogue : entretien entre deux ou plusieurs personnes ➔ p. 10, 22, 94

Didascalies : indications en italique pour aider le jeu des acteurs (théâtre) ➔ p. 22, 96

Discours : texte prononcé devant un auditoire ➔ p. 6, 7, 22, 76, 94

E

Ellipse : fait de passer sous silence certains faits afin d'accélérer la narration ➔ p. 10

Émetteur : auteur d'un message ➔ p. 20, 82

Énonciateur : auteur d'une production, qu'elle soit écrite, orale ou graphique ➔ p. 25

Énonciation : moment durant lequel un énoncé est produit ➔ p. 22, 68

Épopée : long récit vantant les exploits d'un héros

Étymologie : origine d'un mot ➔ p. 44

Euphémisme : expression atténuée pour éviter de choquer ➔ p. 34

Expansion du nom : mot ou groupes de mots qui complètent un nom ➔ p. 54, 62, 63, 88

Explicite : ce qui est clairement exprimé dans un énoncé ➔ p. 36

F, G

Fable : récit court en prose ou en vers et comportant une morale ➔ p. 23, 24, 26, 90

Famille de mots : ensemble de mots ayant le même radical ➔ p. 44, 99

Fiction : histoire imaginaire ➔ p. 18, 84

Figure de style : procédé d'expression qui donne une tonalité particulière au propos ➔ p. 24, 34-35, 90

Genre littéraire : catégorie d'œuvres présentant des critères communs (forme, tonalité, type de contenu) ➔ p. 26-27

Gradation : énumération par ordre croissant ou décroissant ➔ p. 35

H

Histoire : ce qui est raconté ➔ p. 10, 18, 84

Homonymes : mots ayant la même prononciation mais un sens différent ➔ p. 46

Homographes : mots de même orthographe ➔ p. 46

Homophones : mots de même prononciation ➔ p. 46, 66-67

Hyperbole : expression exagérée qui dit plus que le réel ➔ p. 35

I, L

Implicite : ce qui est sous-entendu dans un énoncé ➔ p. 36

Intonation : inflexion de la voix (montante, descendante) ➔ p. 6, 8, 10, 13

Légende : ensemble de conventions (signes, couleurs, titres) qui permettent la compréhension d'un schéma ou d'une carte ➔ p. 25, 38

Litote : pensée très atténuée pour signifier le contraire ➔ p. 35

M

Métaphore : comparé et comparant sans outil grammatical » p. 34, 36

Métonymie : remplacement d'un mot par un autre, avec lequel il a un lien logique » p. 34

Modalisation : procédés qui introduisent de la subjectivité dans le discours » p. 7, 36

Monologue : discours qu'un personnage se tient à lui-même » p. 22

N

Narration : action, façon de raconter » p. 10, 68, 84

Narrateur : personne qui raconte l'histoire » p. 10, 18, 19, 33

Niveau de langue : mode d'expression adapté à une situation d'énonciation particulière » p. 10, 12, 49, 82, 92

Nouvelle : récit court, peu de personnages et chute brutale » p. 26

O

Ode : trois strophes dont les deux premières ont la même structure » p. 23, 90

Orateur : personne qui parle devant un auditoire » p. 6

Oxymore : association côte à côte de deux mots de sens opposé » p. 34

P

Parallélisme : répétition d'une même structure de phrase » p. 7

Paratexte : informations qui accompagnent un texte (introduction, notes, résumé…) » p. 16, 38

Paronymes : mots de prononciation très proche » p. 46

Péripéties : rebondissement, événement inattendu qui change la situation du héros » p. 10, 18, 22

Périphrase : remplacement d'un mot par une expression de même sens » p. 34, 99

Personnage : représentation d'une personne dans une fiction » p. 10, 16, 17, 18, 19, 20, 22, 86, 96

Personnification : comportement humain attribué à un objet, un animal ou un élément naturel » p. 34

Photogramme : image extraite d'un film » p. 42-43

Poème en prose : poème sans rime, ni vers » p. 23, 90

Poème en vers libres : pas de rimes et des vers de mètres différents » p. 90

Poésie : texte en vers ou en prose, porté sur la musicalité des mots et le rythme et utilisant de nombreuses figures de style » p. 23, 27, 90

Point de vue : perspective adoptée par le narrateur pour raconter » p. 33

Polysémie : ensemble des différents sens d'un mot » p. 7, 46

Préfixe : élément lexical situé avant le radical et qui change le sens du mot » p. 44, 122

Q, R

Question oratoire : question qui n'appelle pas une réponse ❯ p. 7

Récit : texte qui sert à raconter une histoire ❯ p. 10, 18 à 21, 26, 33, 72, 84

Registre littéraire : ambiance donnée au texte à travers le ton et les thèmes abordés (comique, fantastique, tragique…) ❯ p. 10, 28, 90

Répliques : paroles prononcées par des personnages (théâtre) ❯ p. 22, 96

Rhétorique : ensemble des procédés de l'éloquence, de l'art oratoire ❯ p. 7

Rime : répétition d'un son à la fin des vers (poésie) ❯ p. 23, 90

Roman : récit fictif ❯ p. 18, 19, 26

Rondeau : petit poème avec un refrain au début, au milieu et à la fin ❯ p. 90

S

Schéma actanciel : rôle des personnages dans le récit ❯ p. 20

Schéma narratif : structure d'un récit ❯ p. 18

Sens figuré : ensemble des sens seconds du mot, plus imagés ❯ p. 46, 48

Sens propre : premier sens du mot, sens concret ❯ p. 46, 48

Sonnet : deux quatrains et deux tercets ❯ p. 23, 90

Stichomythies : vif échange à travers de courtes répliques (théâtre) ❯ p. 22

Strophe : groupement de vers (poésie) ❯ p. 23, 90

Suffixe : élément qui change la classe grammaticale des mots et suit toujours le radical ❯ p. 44

Suspense : attente angoissée de la suite du récit ❯ p. 10

Synonyme : mot de sens très proche ❯ p. 46, 99

T, V

Théâtre : texte destiné à être joué devant un public et constitué de répliques entre personnages ❯ p. 22, 27, 96

Thème : sujet d'une argumentation ❯ p. 6, 15, 21, 24, 28, 100, 104, 114

Thèse : opinion, point de vue de celui qui parle, au sujet du thème ❯ p. 24, 94, 100

Tirade : longue réplique (théâtre) ❯ p. 22

Tonalité : ton du discours (comique, dramatique) ❯ p. 6, 26, 94

Tragédie : pièce dans laquelle des personnages luttent contre des forces qui les dépassent et vivent des moments tragiques qui inspirent la pitié ❯ p. 22, 27, 96

Tragi-comédie : pièce dans laquelle des personnages subissent leur destin mais où l'issue est heureuse ❯ p. 22, 27, 96

Vers : ligne dans un poème ❯ p. 23, 90

Les principaux préfixes

	Sens	Exemples
a-, an-	*privation, négation*	atypique, anormal
ante-	*avant*	antérieur
anti-	*contre*	antipelliculaire
auto-	*soi-même, seul(e)*	autonome, autoportrait, autobiographie
co-, col-, com-	*avec, ensemble*	coopérer, collaborer, compagnon
contre-	*opposé à*	contrefaire
dé-, dés-, dis-	*séparation, négation*	déplaire, déshabiller, disparaître
dys-	*mauvais fonctionnement*	dysfonctionnement
en-, em-	*dans, à l'intérieur*	enterrer, emporter
équi-	*égal*	équilatéral
ex-, é-	*hors de*	expulser, éjecter
in-, im-, il-, ir-	*négation* *dans, à l'intérieur*	inapte, impossible, illisible, irréel infiltrer, immerger
inter-	*entre*	intercalaire, interrompre
intra-, intro-	*au-dedans*	intraveineuse, introduire
iso-	*égal*	isocèle
mal-, mé-, més-	*négation*	malheureux, mécontent, mésaventure
hétéro-	*différent*	hétérogène
homo-	*semblable*	homogène
hyper-	*au-dessus, très*	hypertension, hyperglycémie
mono-	*un seul*	monocoque
multi-	*nombreux*	multiplier
omni-	*tout*	omniprésent, omnivore
pluri-	*plusieurs*	pluridisciplinaire
poly-	*plusieurs*	polygone
post-	*après, derrière*	postposition, postérieur
pré-	*avant, devant*	préhistoire, précédent
pro-	*à la place de, en avant, pour, favorable à*	pronom, projeter, proaméricain
re-, r-, ré-	*répéter, en arrière*	redire, réessayer, reculer, ramener
sur-	*au-dessus, très*	surmonter, surjouer
trans-	*à travers, au-delà*	transparent, transférer, transatlantique

Tableaux de conjugaison

Être	
INDICATIF	
Présent je suis tu es il/elle est nous sommes vous êtes ils/elles sont	**Passé composé** j'ai été tu as été il/elle a été nous avons été vous avez été ils/elles ont été
Imparfait j'étais tu étais il/elle était nous étions vous étiez ils/elles étaient	**Plus-que-parfait** j'avais été tu avais été il/elle avait été nous avions été vous aviez été ils/elles avaient été
Passé simple je fus tu fus il/elle fut nous fûmes vous fûtes ils/elles furent	**Passé antérieur** j'eus été tu eus été il/elle eut été nous eûmes été vous eûtes été ils/elles eurent été
Futur simple je serai tu seras il/elle sera nous serons vous serez ils/elles seront	**Futur antérieur** j'aurai été tu auras été il/elle aura été nous aurons été vous aurez été ils/elles auront été
Conditionnel* présent je serais tu serais il/elle serait nous serions vous seriez ils/elles seraient	**Conditionnel* passé** j'aurais été tu aurais été il/elle aurait été nous aurions été vous auriez été ils/elles auraient été
SUBJONCTIF	
Présent que je sois que tu sois qu'il/elle soit que nous soyons que vous soyez qu'ils/elles soient	**Passé** que j'aie été que tu aies été qu'il/elle ait été que nous ayons été que vous ayez été qu'ils/elles aient été
IMPÉRATIF	**INFINITIF**
Présent sois soyons soyez	**Présent** être — **Passé** avoir été **PARTICIPE** **Présent** étant — **Passé** été

Avoir	
INDICATIF	
Présent j'ai tu as il/elle a nous avons vous avez ils/elles ont	**Passé composé** j'ai eu tu as eu il/elle a eu nous avons eu vous avez eu ils/elles ont eu
Imparfait j'avais tu avais il/elle avait nous avions vous aviez ils/elles avaient	**Plus-que-parfait** j'avais eu tu avais eu il/elle avait eu nous avions eu vous aviez eu ils/elles avaient eu
Passé simple j'eus tu eus il/elle eut nous eûmes vous eûtes ils/elles eurent	**Passé antérieur** j'eus eu tu eus eu il/elle eut eu nous eûmes eu vous eûtes eu ils/elles eurent eu
Futur simple j'aurai tu auras il/elle aura nous aurons vous aurez ils/elles auront	**Futur antérieur** j'aurai eu tu auras eu il/elle aura eu nous aurons eu vous aurez eu ils/elles auront eu
Conditionnel* présent j'aurais tu aurais il/elle aurait nous aurions vous auriez ils/elles auraient	**Conditionnel* passé** j'aurais eu tu aurais eu il/elle aurait eu nous aurions eu vous auriez eu ils/elles auraient eu
SUBJONCTIF	
Présent que j'aie que tu aies qu'il/elle ait que nous ayons que vous ayez qu'ils/elles aient	**Passé** que j'aie eu que tu aies eu qu'il/elle ait eu que nous ayons eu que vous ayez eu qu'ils/elles aient eu
IMPÉRATIF	**INFINITIF**
Présent aie ayons ayez	**Présent** avoir — **Passé** avoir eu **PARTICIPE** **Présent** ayant — **Passé** eu

** Conformément à la terminologie grammaticale publiée par le MEN en juin 2020, le conditionnel est ici présenté comme un temps. Cependant, il peut aussi être considéré comme un mode.*

1er groupe

Juger (voix active)	
INDICATIF	
Présent je juge tu juges il/elle juge nous jugeons vous jugez ils/elles jugent	**Passé composé** j'ai jugé tu as jugé il/elle a jugé nous avons jugé vous avez jugé ils/elles ont jugé
Imparfait je jugeais tu jugeais il/elle jugeait nous jugions vous jugiez ils/elles jugeaient	**Plus-que-parfait** j'avais jugé tu avais jugé il/elle avait jugé nous avions jugé vous aviez jugé ils/elles avaient jugé
Passé simple je jugeai tu jugeas il/elle jugea nous jugeâmes vous jugeâtes ils/elles jugèrent	**Passé antérieur** j'eus jugé tu eus jugé il/elle eut jugé nous eûmes jugé vous eûtes jugé ils/elles eurent jugé
Futur simple je jugerai tu jugeras il/elle jugera nous jugerons vous jugerez ils/elles jugeront	**Futur antérieur** j'aurai jugé tu auras jugé il/elle aura jugé nous aurons jugé vous aurez jugé ils/elles auront jugé
Conditionnel* présent je jugerais tu jugerais il/elle jugerait nous jugerions vous jugeriez ils/elles jugeraient	**Conditionnel* passé** j'aurais jugé tu aurais jugé il/elle aurait jugé nous aurions jugé vous auriez jugé ils/elles auraient jugé
SUBJONCTIF	
Présent que je juge que tu juges qu'il/elle juge que nous jugions que vous jugiez qu'ils/elles jugent	**Passé** que j'aie jugé que tu aies jugé qu'il/elle ait jugé que nous ayons jugé que vous ayez jugé qu'ils/elles aient jugé
IMPÉRATIF	**INFINITIF**
Présent juge jugeons jugez	**Présent** juger — **Passé** avoir jugé **PARTICIPE** **Présent** jugeant — **Passé** jugé(es)

Juger (voix passive)	
INDICATIF	
Présent je suis jugé(e) tu es jugé(e) il/elle est jugé(e) nous sommes jugé(e)s vous êtes jugé(e)s ils/elles sont jugé(e)s	**Passé composé** j'ai été jugé(e) tu as été jugé(e) il/elle a été jugé(e) nous avons été jugé(e)s vous avez été jugé(e)s ils/elles ont été jugé(e)s
Imparfait j'étais jugé(e) tu étais jugé(e) il/elle était jugé(e) nous étions jugé(e)s vous étiez jugé(e)s ils/elles étaient jugé(e)s	**Plus-que-parfait** j'avais été jugé(e) tu avais été jugé(e) il/elle avait été jugé(e) nous avions été jugé(e)s vous aviez été jugé(e)s ils/elles avaient été jugé(e)s
Passé simple je fus jugé(e) tu fus jugé(e) il/elle fut jugé(e) nous fûmes jugé(e)s vous fûtes jugé(e)s ils/elles furent jugé(e)s	**Passé antérieur** j'eus été jugé(e) tu eus été jugé(e) il/elle eut été jugé(e) nous eûmes été jugé(e)s vous eûtes été jugé(e)s ils/elles eurent été jugé(e)s
Futur simple je serai jugé(e) tu seras jugé(e) il/elle sera jugé(e) nous serons jugé(e)s vous serez jugé(e)s ils/elles seront jugé(e)s	**Futur antérieur** j'aurai été jugé(e) tu auras été jugé(e) il/elle aura été jugé(e) nous aurons été jugé(e)s vous aurez été jugé(e)s ils/elles auront été jugé(e)s
Conditionnel* présent je serais jugé(e) tu serais jugé(e) il/elle serait jugé(e) nous serions jugé(e)s vous seriez jugé(e)s ils/elles seraient jugé(e)s	**Conditionnel* passé** j'aurais été jugé(e) tu aurais été jugé(e) il/elle aurait été jugé(e) nous aurions été jugé(e)s vous auriez été jugé(e)s ils/elles auraient été jugé(e)s
SUBJONCTIF	
Présent que je sois jugé(e) que tu sois jugé(e) qu'il/elle soit jugé(e) que nous soyons jugé(e)s que vous soyez jugé(e)s qu'ils/elles soient jugé(e)s	**Passé** que j'aie été jugé(e) que tu aies été jugé(e) qu'il/elle ait été jugé(e) que nous ayons été jugé(e)s que vous ayez été jugé(e)s qu'ils/elles aient été jugé(e)s
IMPÉRATIF	**INFINITIF**
Présent sois jugé(e) soyons jugé(e)s soyez jugé(e)s	**Présent** être jugé(es) — **Passé** avoir été jugé(es) **PARTICIPE** **Présent** étant jugé(es) — **Passé** ayant été jugé(es)

2e groupe et 3e groupe

Finir

INDICATIF	
Présent je finis tu finis il/elle finit nous finissons vous finissez ils/elles finissent	**Passé composé** j'ai fini tu as fini il/elle a fini nous avons fini vous avez fini ils/elles ont fini
Imparfait je finissais tu finissais il/elle finissait nous finissions vous finissiez ils/elles finissaient	**Plus-que-parfait** j'avais fini tu avais fini il/elle avait fini nous avions fini vous aviez fini ils/elles avaient fini
Passé simple je finis tu finis il/elle finit nous finîmes vous finîtes ils/elles finirent	**Passé antérieur** j'eus fini tu eus fini il/elle eut fini nous eûmes fini vous eûtes fini ils/elles eurent fini
Futur simple je finirai tu finiras il/elle finira nous finirons vous finirez ils/elles finiront	**Futur antérieur** j'aurai fini tu auras fini il/elle aura fini nous aurons fini vous aurez fini ils/elles auront fini
Conditionnel* présent je finirais tu finirais il/elle finirait nous finirions vous finiriez ils/elles finiraient	**Conditionnel* passé** j'aurais fini tu aurais fini il/elle aurait fini nous aurions fini vous auriez fini ils/elles auraient fini
SUBJONCTIF	
Présent que je finisse que tu finisses qu'il/elle finisse que nous finissions que vous finissiez qu'ils/elles finissent	**Passé** que j'aie fini que tu aies fini qu'il/elle ait fini que nous ayons fini que vous ayez fini qu'ils/elles aient fini
IMPÉRATIF	**INFINITIF**
Présent finis finissons finissez	**Présent** : finir — **Passé** : avoir fini **PARTICIPE** **Présent** : finissant — **Passé** : fini(es)

Lire

INDICATIF	
Présent je lis tu lis il/elle lit nous lisons vous lisez ils/elles lisent	**Passé composé** j'ai lu tu as lu il/elle a lu nous avons lu vous avez lu ils/elles ont lu
Imparfait je lisais tu lisais il/elle lisait nous lisions vous lisiez ils/elles lisaient	**Plus-que-parfait** j'avais lu tu avais lu il/elle avait lu nous avions lu vous aviez lu ils/elles avaient lu
Passé simple je lus tu lus il/elle lut nous lûmes vous lûtes ils/elles lurent	**Passé antérieur** j'eus lu tu eus lu il/elle eut lu nous eûmes lu vous eûtes lu ils/elles eurent lu
Futur simple je lirai tu liras il/elle lira nous lirons vous lirez ils/elles liront	**Futur antérieur** j'aurai lu tu auras lu il/elle aura lu nous aurons lu vous aurez lu ils/elles auront lu
Conditionnel* présent je lirais tu lirais il/elle lirait nous lirions vous liriez ils/elles liraient	**Conditionnel* passé** j'aurais lu tu aurais lu il/elle aurait lu nous aurions lu vous auriez lu ils/elles auraient lu
SUBJONCTIF	
Présent que je lise que tu lises qu'il/elle lise que nous lisions que vous lisiez qu'ils/elles lisent	**Passé** que j'aie lu que tu aies lu qu'il/elle ait lu que nous ayons lu que vous ayez lu qu'ils/elles aient lu
IMPÉRATIF	**INFINITIF**
Présent lis lisons lisez	**Présent** : lire — **Passé** : avoir lu **PARTICIPE** **Présent** : lisant — **Passé** : lu(es)

** Conformément à la terminologie grammaticale publiée par le MEN en juin 2020, le conditionnel est ici présenté comme un temps. Cependant, il peut aussi être considéré comme un mode.*

3e groupe

Pouvoir

INDICATIF	
Présent	**Passé composé**
je peux	j'ai pu
tu peux	tu as pu
il/elle peut	il/elle a pu
nous pouvons	nous avons pu
vous pouvez	vous avez pu
ils/elles peuvent	ils/elles ont pu
Imparfait	**Plus-que-parfait**
je pouvais	j'avais pu
tu pouvais	tu avais pu
il/elle pouvait	il/elle avait pu
nous pouvions	nous avions pu
vous pouviez	vous aviez pu
ils/elles pouvaient	ils/elles avaient pu
Passé simple	**Passé antérieur**
je pus	j'eus pu
tu pus	tu eus pu
il/elle put	il/elle eut pu
nous pûmes	nous eûmes pu
vous pûtes	vous eûtes pu
ils/elles purent	ils/elles eurent pu
Futur simple	**Futur antérieur**
je pourrai	j'aurai pu
tu pourras	tu auras pu
il/elle pourra	il/elle aura pu
nous pourrons	nous aurons pu
vous pourrez	vous aurez pu
ils/elles pourront	ils/elles auront pu
Conditionnel* présent	**Conditionnel* passé**
je pourrais	j'aurais pu
tu pourrais	tu aurais pu
il/elle pourrait	il/elle aurait pu
nous pourrions	nous aurions pu
vous pourriez	vous auriez pu
ils/elles pourraient	ils/elles auraient pu
SUBJONCTIF	
Présent	**Passé**
que je puisse	que j'aie pu
que tu puisses	que tu aies pu
qu'il/elle puisse	qu'il/elle ait pu
que nous puissions	que nous ayons pu
que vous puissiez	que vous ayez pu
qu'ils/elles puissent	qu'ils/elles aient pu

IMPÉRATIF	INFINITIF	
Présent	**Présent**	**Passé**
-	pouvoir	avoir pu
	PARTICIPE	
	Présent	**Passé**
	pouvant	pu

Prendre

INDICATIF	
Présent	**Passé composé**
je prends	j'ai pris
tu prends	tu as pris
il/elle prend	il/elle a pris
nous prenons	nous avons pris
vous prenez	vous avez pris
ils/elles prennent	ils/elles ont pris
Imparfait	**Plus-que-parfait**
je prenais	j'avais pris
tu prenais	tu avais pris
il/elle prenait	il/elle avait pris
nous prenions	nous avions pris
vous preniez	vous aviez pris
ils/elles prenaient	ils/elles avaient pris
Passé simple	**Passé antérieur**
je pris	j'eus pris
tu pris	tu eus pris
il/elle prit	il/elle eut pris
nous prîmes	nous eûmes pris
vous prîtes	vous eûtes pris
ils/elles prirent	ils/elles eurent pris
Futur simple	**Futur antérieur**
je prendrai	j'aurai pris
tu prendras	tu auras pris
il/elle prendra	il/elle aura pris
nous prendrons	nous aurons pris
vous prendrez	vous aurez pris
ils/elles prendront	ils/elles auront pris
Conditionnel* présent	**Conditionnel* passé**
je prendrais	j'aurais pris
tu prendrais	tu aurais pris
il/elle prendrait	il/elle aurait pris
nous prendrions	nous aurions pris
vous prendriez	vous auriez pris
ils/elles prendraient	ils/elles auraient pris
SUBJONCTIF	
Présent	**Passé**
que je prenne	que j'aie pris
que tu prennes	que tu aies pris
qu'il/elle prenne	qu'il/elle ait pris
que nous prenions	que nous ayons pris
que vous preniez	que vous ayez pris
qu'ils/elles prennent	qu'ils/elles aient pris

IMPÉRATIF	INFINITIF	
Présent	**Présent**	**Passé**
prends	prendre	avoir pris
prenons	**PARTICIPE**	
prenez	**Présent**	**Passé**
	prenant	pris(es)

3e groupe

Aller

INDICATIF

Présent	Passé composé
je vais	je suis allé(e)
tu vas	tu es allé(e)
il/elle va	il/elle est allé(e)
nous allons	nous sommes allé(e)s
vous allez	vous êtes allé(e)s
ils/elles vont	ils/elles sont allé(e)s
Imparfait	**Plus-que-parfait**
j'allais	j'étais allé(e)
tu allais	tu étais allé(e)
il/elle alla	il/elle était allé(e)
nous allions	nous étions allé(e)s
vous alliez	vous étiez allé(e)s
ils/elles allaient	ils/elles étaient allé(e)s
Passé simple	**Passé antérieur**
j'allai	je fus allé(e)
tu allas	tu fus allé(e)
il/elle allait	il/elle fut allé(e)
nous allâmes	nous fûmes allé(e)s
vous allâtes	vous fûtes allé(e)s
ils/elles allèrent	ils/elles furent allé(e)s
Futur simple	**Futur antérieur**
j'irai	je serai allé(e)
tu iras	tu seras allé(e)
il/elle ira	il/elle sera allé(e)
nous irons	nous serons allé(e)s
vous irez	vous serez allé(e)s
ils/elles iront	ils/elles seront allé(e)s
Conditionnel* présent	**Conditionnel* passé**
j'irais	je serais allé(e)
tu irais	tu serais allé(e)
il/elle irait	il/elle serait allé(e)
nous irions	nous serions allé(e)s
vous iriez	vous seriez allé(e)s
ils/elles iraient	ils/elles seraient allé(e)s

SUBJONCTIF

Présent	Passé
que j'aille	que je sois allé(e)
que tu ailles	que tu sois allé(e)
qu'il/elle aille	qu'il/elle soit allé(e)
que nous allions	que nous soyons allé(e)s
que vous alliez	que vous soyez allé(e)s
qu'ils/elles aillent	qu'ils/elles soient allé(e)s

IMPÉRATIF

Présent
va
allons
allez

INFINITIF

Présent	Passé
aller	être allé

PARTICIPE

Présent	Passé
allant	allé(es)

Faire

INDICATIF

Présent	Passé composé
je fais	j'ai fait
tu fais	tu as fait
il/elle fait	il/elle a fait
nous faisons	nous avons fait
vous faites	vous avez fait
ils/elles font	ils/elles ont fait
Imparfait	**Plus-que-parfait**
je faisais	j'avais fait
tu faisais	tu avais fait
il/elle faisait	il/elle avait fait
nous faisions	nous avions fait
vous faisiez	vous aviez fait
ils/elles faisaient	ils/elles avaient fait
Passé simple	**Passé antérieur**
je fis	j'eus fait
tu fis	tu eus fait
il/elle fit	il/elle eut fait
nous fîmes	nous eûmes fait
vous fîtes	vous eûtes fait
ils/elles firent	ils/elles eurent fait
Futur simple	**Futur antérieur**
je ferai	j'aurai fait
tu feras	tu auras fait
il/elle fera	il/elle aura fait
nous ferons	nous aurons fait
vous ferez	vous aurez fait
ils/elles feront	ils/elles auront fait
Conditionnel* présent	**Conditionnel* passé**
je ferais	j'aurais fait
tu ferais	tu aurais fait
il/elle ferait	il/elle aurait fait
nous ferions	nous aurions fait
vous feriez	vous auriez fait
ils/elles feraient	ils/elles auraient fait

SUBJONCTIF

Présent	Passé
que je fasse	que j'aie fait
que tu fasses	que tu aies fait
qu'il/elle fasse	qu'il/elle ait fait
que nous fassions	que nous ayons fait
que vous fassiez	que vous ayez fait
qu'ils/elles fassent	qu'ils/elles aient fait

IMPÉRATIF

Présent
fais
faisons
faites

INFINITIF

Présent	Passé
faire	avoir fait

PARTICIPE

Présent	Passé
faisant	fait(es)

** Conformément à la terminologie grammaticale publiée par le MEN en juin 2020, le conditionnel est ici présenté comme un temps. Cependant, il peut aussi être considéré comme un mode.*

Table des illustrations

11	©	Studio Boule & Bill, 2021
39	Coll.	Archives Hatier
40	ph ©	Vincenzo Pirozzi / Bridgeman Images
41	ph ©	Bridgeman Images
42	Coll.	Christophel © 1978 Lucas film / Walt Disney
43	©	1954 Paramount Pictures - Alfred J. Hitchcock Productions
87	ph ©	Luisa Ricciarini / Bridgeman Images
89	ph ©	Bridgeman Images

Conception graphique : Nicolas Piroux
Mise en page : Isabelle Vacher
Illustrations : Valentine Choquet
Cartes mentales : Vincent Landrin
Iconographie : Hatier Illustration
Relecture : Monika Gabbay
Édition : Sarah Gaisser

Achevé d'imprimer par l'Imprimerie de Champagne à Langres - France - Dépôt légal : 07708-9/03 — Septembre 2